福岡留學札記

旅行×化學×人生際遇

林昱銘／著

實驗室旅行途中的久住山山頂合照

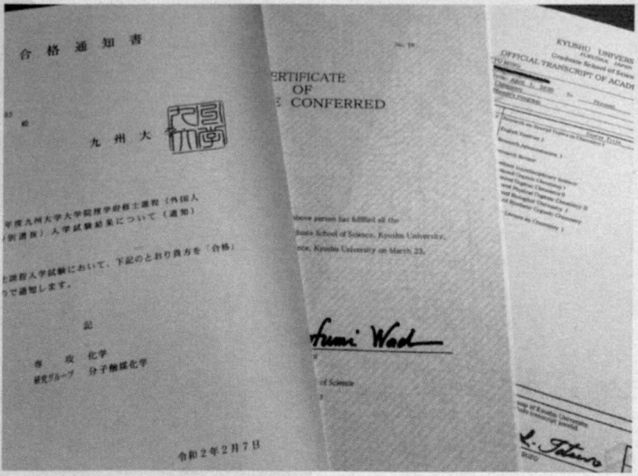

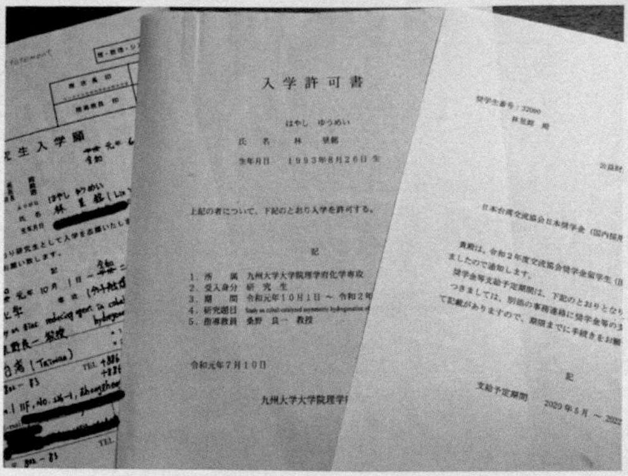

碩士班合格證明書、畢業證明書跟成績單

願書、入學許可書、獎學金證明書

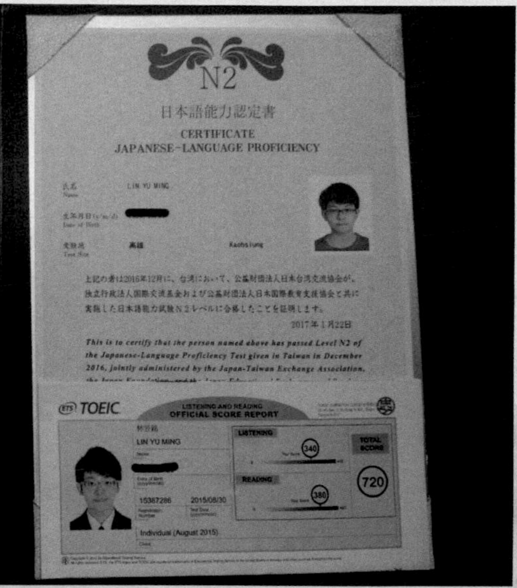

↑→在台基本必備文件：畢業證書（英文版也必備）、在校成績單、CV、語言檢定證明、COE申請書＋COE（忘記拍了）……

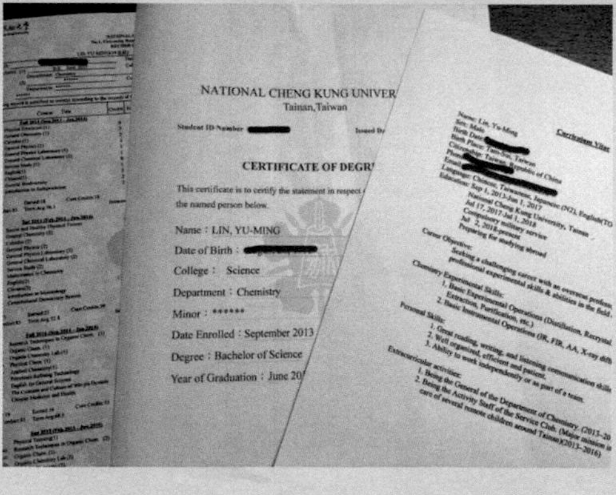

由布院的深秋景色

千里冰封的九大

院試放榜那天的校園夜色

畢業那天的實驗室夥伴合影

陪韓國人吃烤肉的日常

偶爾週六的小確幸

周船寺附近的小小烤肉店

大吃特吃福全餃子

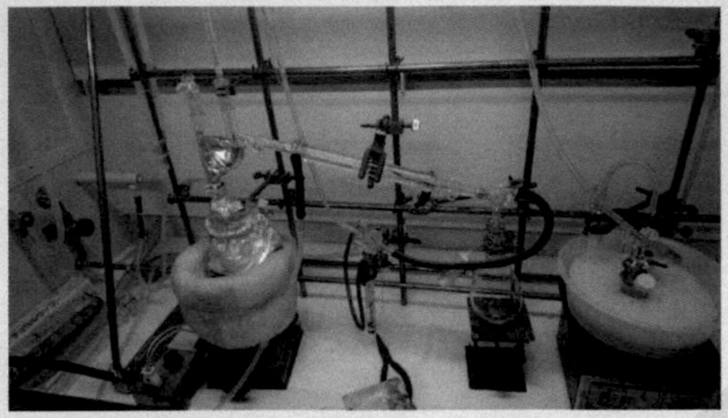

不知道蒸第幾遍的三乙胺

TLC的判讀對有機化研人員相當重要

實驗室的日常——裝填氮氣

九大周邊的日暮低垂時分

從福岡塔上遠眺夜景

大濠公園一隅

博多車站附近的街頭表演

第一次跨年返台前，在博多車站逗留一會兒

隱藏在天神巷弄中的鹿角巷

雨中的熊本車站

鹿兒島夜晚街景

進入稻佐山展望台前的神祕隧道

稻佐山夜景

長崎原爆資料館入口

哀傷的母子像

嬉野的隱藏版仙境

豐玉姬神社的大鯰魚

跟教授最後一次的聚餐

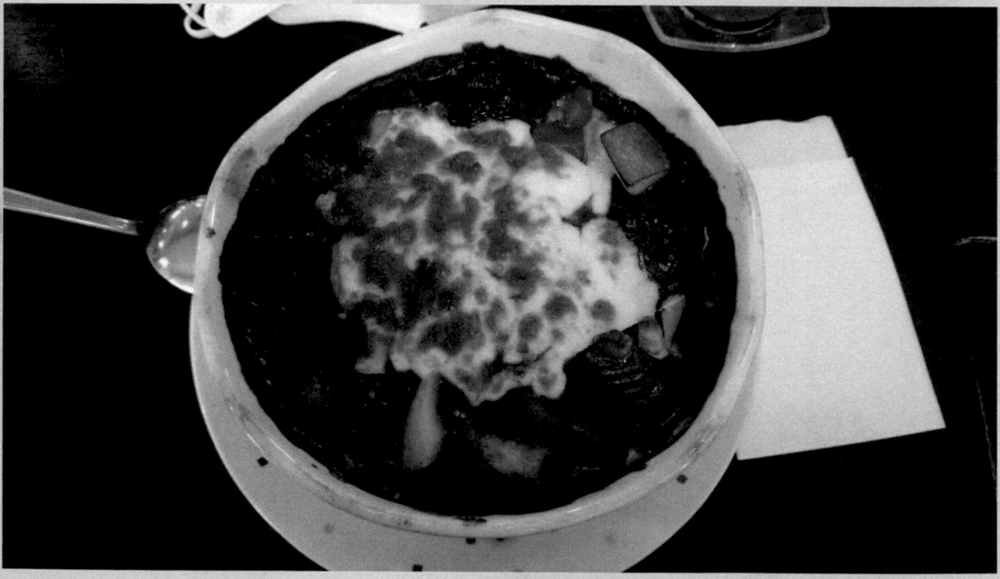
門司港有名的燒咖哩

作者序

你好，朋友。正在閱讀這本書的你，不論是對留日有所嚮往或打算，抑或是正準備著手留日資料的蒐集卻苦無有力且足夠的資訊讓你充滿信心踏出國門的準留學生，希望藉著這本自己的親身留學紀錄的前半部分可以爲你解答大部分的問題。當年在作留學準備的時候，就是因爲臺灣赴日攻讀理工碩士的相對少數，且大部分的留學生也沒有多餘的時間可以將自己的所見所聞用文字鉅細靡遺地記錄下來，所以沒有太多的資料可以參考。在這本書中，我會針對大部分日本（大学院）對理工碩士的採用；自己在碩士課程這段時期的研究生活；還有連假期間，在九州大地上遊歷的點點滴滴分享給你。要先說好，我不是什麼學霸，大學成績很普通，沒有做專題，日語沒考到N1，也沒上語言學校的課程；但我依然可以領到獎學金，可以準時畢業，可以圓夢，你也可以。本人不才，也曾經在台日交流協會舉辦的會議中分享自己的留日經驗。或許在看完這本書後，焦急的你還會有堆積如山的問題想問，到時都歡迎藉由附錄的連絡方式與我連繫，只要我有空，會很樂意回答你的問題。那麼，就聽我娓娓道來吧。

目錄

第一章

你也可以：留日動機與準備

第1節　學習日文的契機

想要到日本留學的想法是在大三時產生的。我大學念的是成功大學化學系，上大學前重考了兩年。當時，跟許多人的盲目追尋一樣，爲了上榜醫學系，將高中所有的教材在畢業後又重新念了兩年，很充實但也很辛苦。最後，天不從人願，分數還是連排名最後面的醫學系的邊都摸不到，果斷退出這場無謂的戰鬥，選了第二志願的化學系。會選化學系主要是受到重考班的化學蘇老師所鼓舞，整個高中的重要化學觀念在他深入淺出的解說下，重新塑造我對化學的想像和興趣，後來也直接跟自己說：考不上醫學系便選化學系吧，反正人生嘛，誰也不會握有標準答案的。然後呢？就給他唸下去了啊！念下去後才發現，有些課程很有趣，例如千變萬化的有機化學；但有些東西就像天書，搞了半天還是被當掉，比如說群論。或許有些人會驕傲地說他還是過了這門課，那恭喜你，但我對它還是完全一頭霧水，哈哈哈。咳咳，扯遠了。

再來，念這類科系，一定會有實驗課讓我們實際動手操作一些經典的反應。最有趣的是，這種課程通常是必修而且只有一學分，拚得要死要活只有一學分可以拿，以至於很多人會覺得這很不符合經濟效益。但沒辦法，規定，就是規定。你想要畢業嗎？那你就得認眞拿到這一學分。偏偏有機實驗的助教又特別嚴格，這門課也被學長姐在期初時拿來嚇我們這些學弟妹，說有多恐怖就有多恐怖。起初，我也是戰戰兢兢，小心翼翼地操作每一次實驗，每一個步驟，深怕被實驗助教盯上，但我還是被盯上了（茶～）。不熟悉的操作和被發現錯誤的結預報，每次都讓助教對我是責備到有剩，在這裡跟助教道個歉（鞠躬）。一直到畢業，讓我受益匪淺，學到最多的還是莫過於這堂有機化學實驗課了。雖然辛苦，但每次實驗完成後的那種成就感也是非常刻骨銘心的。當下我才發覺，我也辦的到，我也可以做得跟別人一樣好，就算起跑點不一致，也不代表到不了終點線。一直以來，我是資質很平庸的理科學生，大學以前完全沒參加過任何科學競賽，反而高中時期常爲賦新詞強說愁，還挺會寫一些參雜華麗詞藻的感性文章。所以很多時候，我也都覺得自己是不是走錯路，硬是走上一條天賦沒點滿的路；但人生就是這樣才有趣，你說對吧？

我是輕微的御宅族。在高中時期，因爲被朋友推坑就開始接觸一些御宅元素，從小說、歌曲到動畫都有。從《狼與辛香料》、《罪惡王冠》、到《紫羅蘭永恆花園》，跟《進擊的巨人》。各式各樣的作品陪著我一起成長時，起初是完全聽不懂它們在說什麼的，零基礎的日文底子使得我只能仰賴字幕君的幫忙，讓我大概能知道故事在講些什麼。不得不說，日本在動漫影視這方面的發展眞的是相當豐富，除了題材層出不窮，每一個故事想要探討的問題也都不太一樣。知道的就會知道我在說什麼，不知道的我也強烈建（ㄊㄨㄟ）議（ㄎㄥ）可以挑個一兩部來看看別人天馬行空的創意與想法。

時間來到了大三時期，跟其他同年級的大學生一樣，又到了一個人生的分歧點。系上當時有股大三生必須進實驗室的風氣，很多人因此都爭先恐後地找教授，各自到有興趣的實驗室做專題，我則沒有。一來我不想隨波逐流，些許叛逆的個性使得別人做什麼我就得做什麼的想法從我懂事以來就不是我的座右銘。二來實驗室名額也都有限，不是我有興趣就一定可以加入。在這時間點，我也發現除了做專題，有人選擇重考，給自己再一次選擇的機會；有人選擇出國參加短期交換計畫；有人爲了考研究所報名了補習班，開始惡補四年來沒好好念的部分（？）。而我呢？經過深思熟慮後，我告訴我自己：我想考日文檢定！除了學習一項新語言可以爲我們自己開啟一個新世界之外；更重要的是，想要不依靠字幕君就看懂日本動漫或電影的這股內心的衝動在當時強烈地鼓動著我，驅使我去挑戰這二十幾年來從沒想過的目標。

第2節　準備日檢的方式

在這裡我想分享一下那時候我準備日檢JLPT考試的方法。先說，留日不一定需要這個日檢成績證明，它只是一個書面證明你當時大概的日文聽讀程度。我的方法也不是最好，就只是按照自己的步調走而已。不像J-TEST（實用日本語檢定）難度較高，會有一些比較少聽過的日文諺語或者高等文法參雜其中；JLPT主要是針對一般大眾，尤其是高中大學，或者是要去日商工作所需要的最廣爲人知的證書。從N5到N1，難度依序遞增，但直到目前爲止，每個難度的題型是沒有太大的變化。現在網路很發達，很多高手其實早就已經拿到證書，且在網路上分享他們的讀書心得。但其實我自己在準備的時候，並沒有去參考任何一個人的讀書心得，我就是按照自己的方式輕鬆地準備考試，我認爲面對一個未知的東西時，給自己時間摸索很重要。當時，我給自己一個原則：開心地準備就好，不要有壓力。因爲我知道若是汲汲營營想要拿到證書，急著證明自己的語言能力，很可能會適得其反。畢竟也是個考場，失常什麼的太正常了。工欲善其事，必先利其器。在開始準備之前，我先到學校的二手交流版將整套

《完全掌握》系列買下，另外包括各種程度的單字本和模擬試題。基本上日文的聽主要會利用網路上的資源，無論是動畫、日劇、新聞、抑或是日本綜藝節目，都會是練習日文聽力的最好幫手。

剛開始因爲單字量不夠的緣故，當然不會這麼順利，但是就是慢慢來，按照自己的步調循序漸進。有幾個小祕訣可以參考：1.相同橋段的對白多聽幾遍，加深印象，甚至將它背起來。2.剛開始學習日語的我會將喜歡的日文歌曲的歌詞打印，然後當成教材逐字學習單字、句型。3.自己常用的行動裝置，如手機、筆電的介面也可以設定爲日文，提高對新語言的熟悉度。其實以上方法非常原始，甚至可以說是學習任何一種語言都會用到的「基本技巧」。但是憑藉這些「基本技巧」，再加上持之以恆的態度，我認爲就已經站穩學習的里程碑了。

另外有個重點，關於文法的部分，個人不建議初學就一直死背一些句型架構或者規則，這對學習一門語言來說並不是最重要的。反之，可以先多看文章，無論是任何類型的網路資訊、新聞，甚至是遊戲攻略，都會在不聲不響中，一點一滴地累積起自己的閱讀實力。當有看不懂的文法和句型時，再翻閱講義背起來就好。

其實在高中時期，學校並沒有對於英文以外的第二外語著墨太多。大學的日語課又太著重文法，制式的評量方式讓當時的我毅然選擇自學。這種方法就是提供出來做參考，當然不能跟從小在日本長大或者從國高中就開始接觸這門語言的人做比較。比較才會進步，但是無謂的比較就不會是我們這裡講述的重點。所以，在大學畢業前，考到了N2，就先去服役了。

第3節　讀碩念頭與準備

其實考完N2後，我並沒有直接想要去日本繼續升學。反而我有想過從事翻譯、領隊之類的工作。因爲當時覺得自己不可能有機會可以到日本去念書，無論是日本物價所費不貲；或者留學手續繁複惱人；更重要的是，臺灣學子到日本念理工碩博士以上的資訊，在網路上相對對岸來講少之又少，相關心得分享或書籍更是幾乎沒有，因此當時留日的念頭是藏在腦後幾千里外的。即便如此，在服役期間感受到自己需要更多的專業知識和技能培養，日日夜夜想了很多，後來決定繼續升學之外；家人也建議說，若能將興趣和所念的科系結合，到國外去學習他們的研究精神，或許也不失爲一個好的選擇。到眞正決定要朝這目標努力之前，是有一段爲期不短的掙扎期。因爲不清楚自己當下的選擇是對的，可否支撐自己走完都是一個很大的問題。跟臺灣很多學生一樣，從小不斷地念書，也不知爲何而念，就只是父母說念書才有前途，就跟著拼命念，實爲相當可惜的。「總之，朝這方向去準備吧！」我這樣地跟自己說。於是，在服役的同時，我也開始了我的留學準備。

就臺灣目前的招生辦法，想在臺灣念碩博士學位，你除了用好成績推甄，要不就是在每年二月左右的考試中拔得頭籌，這會讓眞正想做研究但在考試上總不盡人意的學生錯失進入更高一層的學術殿堂的機會，比方說我。跟臺灣不一樣，基本上，根據自己留日前做的功課，去日本念碩博士學位有幾種策略。

第一種是先去念語言學校，半年或一年後參加大學院碩博士班的招考。個人認爲這個策略的風險是最高的。爲什麼呢？原因有二。一是你在語言學校時，並沒有跟大學的教授有所交集。基本上，在碩博士班招考時，無論哪間學校都會有面試，而每屆參加考試的競爭者也不會只有一位，若是較熱門的科系或者教授風評很好的實驗室，多人競爭少少的名額是避免不了的。這時候你想想，同樣是外國人，一位是跟教授素昧平生，一位是早就在實驗室裡有所表現，且熟悉老師脾氣的本科生，誰入取機會比較高？答案應該非常明顯。日本碩博士班的入學機會是在每年的四月和十月，等於若是當次考試失常，必須要再等上半年，才有下次的機會。先不論經濟狀況，若沒有事前跟理想中的教授有所互動和認識，只是徒然浪費時間，花個好幾年在那邊考試都有可能。中國人口基數大，留日念碩博士學位的人也相對多很多，網路上的知乎或小書蟲論壇有很多的心得分享，其中就有些例子是在日本打工好幾年，卻都沒有考上碩博士班，之後黯然回去的。第二個原因是所謂語言學校的素質其實是參差不齊，甚至有的是假招生眞奴役，自己盲目地選擇實在不是一個明智之舉。當然臺灣針對留日也有一些專門辦理相關事務的機構，我當時也是有跑過好幾家，櫃台人員也都會很有耐心地介紹和解釋。但，見仁見智，個人是不太推薦這個方法。

第二種策略是直接跟有興趣的實驗室連絡，透過網路上的聯絡方式，通常是該實驗室的教授、助教，或祕書的郵件信箱，來進行連絡。因爲日本的研究所有個特設位置，名爲「研究生」的非正式學位。它不是一個正規的學生身分，但隸屬於接受了它的教授的麾下。「研究生」主要是在教授底下先做三個月到一年的科研，經過教授評估且允許後，可以在幾個月後參加該學校的碩博士生招考，通常會有面試和筆試，兩者都通過才可以正式加入教授的研究團隊。在這裡我們先聊聊「聯絡」是要聯絡些什麼。若是選擇這個方法入學，在臺灣時，就要先看準學校公布的研究生招生時段，學校網站會寫清楚幾月幾號之前必須聯絡到想要聯絡的教授，並在教授同意後，規定期限內繳交相關資料（當時是採用將書面資料郵寄到學校的方式），辦理入學手續。用電子郵件聯絡的方法，基本上日文或英文都可以，但選擇自己可以流利對談的。而內容主要就是附上自己大學時候的成績單、之前做過的專題（如果有，最好製作成投影片準備報告）、相關競賽得獎紀錄、語言能力證明、和研究計劃書（想要研究的主題跟動機之類的）。除此之外，自傳（CV）也是不可或缺的，字裡行間透露出你對某個領域的研究渴望是相當重要的！

再來我想談談找教授的過程。因爲這一步的運氣成分影響很大。當上面提及的資料都備妥後，我們就要開始找教授了。撇開本來可能就有認識的老師這種例外不談，基本上，大部分想留日的學生，剛開始應該都跟任何一位教授沒有過交集。那麼以這個時代較普及且正式的溝通方式來說，方法只有一種，那就是海量地寄送上述的資料到任何一個你有興趣的研究室的電子郵箱，有點投履歷的味道。網路上能找到的電子郵箱可能是教授的，也可能只有該實驗室的助教或者祕書的郵箱，那也無妨，總之，投就對了。千萬不要擔心對方教授覺得自己不夠優秀而拒絕自己，有投有機會！而且其實很多網路上提供的電子郵箱都是失效的，就我自己的經驗來說，寄了不回的情況非常正常，也不用想太多。寄信就像塡志願，只需考慮自己想要的專攻和研究方向，從一線的帝大到之後的二線、三線學校都可以予以考慮。且信中的內容盡量簡潔扼要，不要寫的落落長。因爲教授們基本上都很忙，沒有時間去看一篇冗長的、「不重要的」信件。沒有錯，當你讓教授覺得你連一封毛遂自薦的信都寫不好的時候，這封信馬上就會變得「不重要」，被丟進垃圾信件中，石沉大海。當然排名越前面的學校可能難度越高，在寄信時，衡量自己的能力，選擇適合自己的學校投信也是很重要的。

假設你很幸運，有老師回信了，接下來才是關鍵。依據老師的回信內容，決定你接下來應該要做些什麼。有以下幾種可能。就我自己被回信的兩個情況，一位是請我提供詳細的CV，因為他在信裡提及我的經歷不夠清楚；一位是直接跟我敲定網路面試日期並且指定一篇ACIE的全合成文章，要求我解析每一步反應並且做成投影片，在線上面試當天報告給他聽。說到這，我們必須知道一件事：日本人對外普遍表現都較委婉。第一位是名古屋大學有機生物專攻的教授。在我另外提供CV後，只在隔天回了一句「好，我知道你想先當研究生」當時收到回信的我很蠢，並不了解這位老師對我是興趣缺缺。後來有一句沒一句的回信，終於在半年後答應跟我網路面試，卻在面試隔天回信說他們實驗室並沒有研究生的空缺，白白浪費我半年的時間等他。我不在這裡抱怨或者批評這位老師的做法，但真心覺得幸好我沒有與他共事。

第二位相較起來就有效率多了，是一位九州大學（以下簡稱九大）分子催化劑專攻的教授。其實，要在面試時準備一篇文章的這種要求讓我馬上了解這位老師不是等閒之輩，而且他的研究室氛圍勢必相當嚴格。不過，不想錯失任何機會的我還是鼓起勇氣開始準備投影片。在準備的過程中，對於不瞭解的問題，如果百思不得其解，我就會回母校去問老師，或是去圖書館找資料。關於有機化學的全合成解析，可以問得很表面也可以很深入，其實還是挺仰賴平常自己實力的累積。大概兩個禮拜吧！他給我兩個禮拜準備這項功課，因爲還要配合學校的各種申請限期，所以步調自然是相當不寬裕且緊湊。所幸當天面試總體還算是順利，雖然這位教授沒有直接收我做正式碩士生，但許可了我先當研究生的想法。於是，當隔天教授用電子郵件正式回覆收我作研究生後，就開始一連串的赴日準備了。

所以基本上，想要到日本讀碩博士學位，若語言上沒有太大的障礙，且沒有太多經濟上的壓力考量，我是相當推薦直接和教授聯絡。如果選擇先念一段時間的語言學校，每天的時間就會被語言學校和打工給分割，個人認爲，要短期內在異地學校上榜是有相當難度的，大家可以敬請參考一下。

第4節　赴日前後小叮嚀

有鑑於現在網路很發達，其實去日本前的行前規劃在網路上的資源是相當豐富的，且常去日本旅行的人應該也都比我還清楚，所以我想在這裡就不再針對一些基本事項做太詳細的說明，如怎樣申請在留證明（當時是學校直接替我辦，辦完寄給我；且須立刻拿去申請簽證，因爲申請在留證明會需要幾個月的等待時間，要特別注意！）、怎麼辦手機（當時是電信公司直接到宿舍來替我們留學生簽約）等。但，我想就自己本身的經驗做一些小提醒，如果可以因此或多或少幫助到即將去日本，無論是遊玩、念書或工作的你，我認爲都是相當值得的。

一、注意申請簽證的時間點

因爲當初自己的在留資格認定證明書（CoE）等了快兩個月才由九大寄到臺灣的住處，而急迫的點是這份文件只有三個月的期限讓我們去申請簽證。所以就自己入學的時間點往前推，一定要算好時間。這其實沒有很難，就只是等待。但等待就會很煎熬。因爲你當下會忐忑不安，到底文件寄到學校了沒？到底流程在跑了沒？隨著入學的時間點逼近，心裡的焦急不免油然而生。自己當初就是這樣：六月初和老師面試完，過幾天學校寄入學許可書到家裡，填好了在留資格認定證明書的申請書後寄回學校，待日本方的入境管理局辦好手續後，學校會幫忙寄發到臺灣且用電子郵件通知。在這期間就是等，等到八月初終於拿到在留資格認定證明書後，八月中才拿到簽證。因此，這時候只能於郵寄出文件前再三確認，以防落東落西造成行程延誤的窘境。我依稀記得當時申請CoE需要繳交相當多的書面資料，在這方面的手續還未完全電子化前，準備時就要相當謹慎，將每一份文件有條理地準備好再郵寄出去。

二、在學校外住宿很多都需要保證人了

剛開始到學校，基本上學校會提供宿舍給新生們住，但因爲宿舍空間有限，而且外國人跟日本人共住sharehouse的情況很多，因爲文化差異或生活習慣不同，也常耳聞有衝突事件。大部分留學生在半年或一年後就會被「請」出學校宿舍，被迫自己到外面找租屋。學校附近通常會有很多不動產管理公司，良莠不齊，說眞的。這時候實驗室學長姐們提供的消息或資訊就很重要了。而近年在外租屋需要保證人的情況越來

越多了，原因是因爲過去有太多低素質的留學生給房仲業者造成很大的困擾，無論是欠費沒繳就回國，或是退租前把房間弄得一團糟，這讓日本的房仲業者對當地留學生的租屋規定越發嚴格。雖然日本有專門提供保證人的公司，除了所費不貲外，好像風評也沒有很好。我待的研究室中，幾個留學生沒有人是跟保證人公司合作的。所幸二〇二〇年二月找房子的時候，是沒有那麼多毛的。我的租屋當時是不需要保證人的，只填了個緊急聯絡人的電話；即便需要保證人，甚至學校就可以當保證人，但聽還在念博班的學長說，現在不一樣了。找的時候可以多方比較、考慮，建議找知名度較高的房仲業者，如某U，畢竟這是攸關到往後幾年住的舒服與否的重要決定，絕對不能馬虎。

三、在留卡相當重要

入境日本時，依據在留身分，如留學、打工、就職，會由專業人員查核後在機場或區（市）役所交給我們在留卡——也就是外國人在日本的「身分證」。無論是辦理任何手續，如郵局銀行開戶、手機、租屋、日本鐵路訂票等等，都會需要出示在留卡讓他們確認身分。在留卡的背面需要在拿到卡的兩周內登錄我們在日本居住地的地址，這是很重要的。而當每次搬家後，也要順便更改這裡的資訊。兩年多來，有幾次是在無預警的情況下被要求出示在留卡，所以外國人在日本，在留卡隨時帶在身上是必要的。

四、在臺灣可以先準備多點大頭貼照

到日本後，剛開始會有很多手續需要辦理，會用到大量的照片。在日本大學裡雖然會有立可拍設置，但其實有些昂貴，且品質無法保證。個人推薦可以在行前準備時就先備好多點大頭貼照片，不是近年的也沒關係，準備個兩三種，各五到十張以上，相信我，你到那邊以後會方便很多。

五、當個守法的優質留學生

無論是到哪個國家，遵守他們的法律、尊重他們的文化是最基本的原則。近年有太多在日的外國留學生，因爲自己不恰當的行爲，給日本帶來很大的困擾。他人給予的禮貌跟善待其實是很珍貴的，但似乎有很多外國朋友不懂得這個道理。禮尚往來，只要互相尊重，相信卽便是孤身一人在外地的朋友，也可以如魚得水，處處都方便的。

第二章

我的經驗：院試合格前的路

第1節　初出茅廬

待拿到簽證後，就準備要出發了。其實內心還是相當忐忑的：會不會還沒到宿舍就迷路了？會不會有什麼重要的東西忘記帶過去？日檢的程度其實還不足以應付對話吧？教授會不會很嚴格？是否可以適應實驗室的生態等等……？太多了。太多未知的事物在等著我去面對。雖然以前也不是沒有在國外居住過的經驗，但這還是頭一次自己在國外闖蕩，心裡不免感到一絲絲焦慮。專注眼前的任務就對了，我這樣跟自己鼓勵著。

九月二十三日，臺灣天氣陰，一大早我便匆匆從桃園機場附近的小旅館動身，拖著一卡皮箱、一個後背包，出發了。下了飛機，九大的宿舍接待員早已在機場等候多時。這一梯入學的臺灣人很少，除了我，只有一位即將到大學部報到的小女生，其他都是外國人。一台接駁小巴，將我們二十幾個人從機場接到學校宿舍門口，一路上，很安靜，卻又很喧嘩。下了車，每位學生都有個接待員，我是被一位學長接著，名叫多伊良夏樹，姑且叫他多伊良學長。他帶著我確認過宿舍，瞭解規定後，就先讓我在宿舍歇著了。宿舍是sharehouse型，除了我一位臺灣人，另外還有一位中國人、一位日本人，和一位法國人各自住在不同的房間，共享廚房、洗衣機，還有衛浴設備。房間很小，我能行走的空間基本上可以說是沒有，但剛好，因爲我當時的心情也裝不下太多的負荷。我們彼此寒喧過後，便回房間整理自己的行李，連上網路後跟家裡報平安。

九月二十四日，是我跟教授約定初見面的日子。那是一個溫暖的早晨。我們約好十點在他的辦公室見面。理學府很大很新，一棟十層樓，共有五棟並排緊緊依偎著。教授的辦公室位在第二棟的十樓，對當時的我來說，那就像是個撲朔迷離的黑洞，讓人既期待又怕受傷害。敲了門，眼前開門的中年人正是我的教授，身高大概我的五分之四，渾圓的身材再加上清澈有利的眼神，恩，跟照片沒差太多，但個性不是很有耐心，他叫桑野良一教授，以下簡稱教授。他簡單解釋了一下九州的福岡銀行和郵儲銀行的差別、實驗室的規則後，便帶我去跟實驗室裡的未來小夥伴們打招呼。實驗室很清新乾淨，而且相當井然有序，外頭走廊也不會有陰暗潮濕的感覺。因爲是做有機實驗，特別看了一下儲藏室，反應試劑應有盡有，相當齊全。當時的實驗室已經有兩位留學生，分別是一位韓國人和一位中國人，另外還有兩位日本人。互相自我介紹完畢後，約定好給我一周的時間決定研究題目。

九月二十五日，多伊良學長一大早便帶我和另一位同樣新入學的中東博士留學生去逛逛校園。九大占地很廣，整個學校矗立在個山頭上，而文理學院隔著山頭遙望。所到四處都綠意盎然，即便接近十月，楓葉群也只有經過簡單挑染，紅著髮梢跟我打招呼。我運氣很好，那天天氣相當舒服，我內心莫名興奮，甚至夾雜著感謝的激情，感謝我之前的努力沒有白費，即將在這麼漂亮的學校展開我的研究生活。多伊良學長和我邊走邊聊學校附近機能和他自己的事情。他們實驗室在我們實驗室的對面，也是在作錯合物研究的。九大伊都校區是全新的校區，尤其是我們的理工學府。最初的理工科是在距離遙遠的箱崎校區，後來在我來日前兩三年，已經全部搬到現在眼前的位置了。我們三個人從宿舍出發，走到九大門口，走過一個山丘，我們搭公車到離學校只有十五分鐘路程的学研都市站辦理郵局開戶、購買家具等事項。學長中午帶我們去吃附近的印度咖哩店，他說自己很喜歡這家店，但說實在話，不是很合我的胃口。所以那家店，到我回國之前，只去過那麼一次。當天下午去逛一些日常用品店，如果對日本有些認識的話，唐吉軻德、ベスト電器、LAWSON這些商店應該都不陌生，我們整個下午就在這些店裡流轉，心情有些雀躍，卻也參雜少許的不安。

九月二十七日，學校幫我們留學生辦了一場歡迎會。我跟我同寢室的法國室友一同前往九大的椎木講堂。那是一個環繞的圓形，有些類似羅馬競技場的演講廳，常常學校會在那裡辦一些活動，包括消防演習、畢業典禮等。下午的行程爲時沒有很久，離開了講堂，我們在自己的宿舍裡辦起了烤肉派對。那時我才知道原來有許許多多，來自不同國家的學生跟我同一個時間點入學，但來念碩博士課程的並不多，大部分都是大學生或短期課程的學生們。當天晚上我們一起烤肉，聊聊自己的背景，飽餐一頓之後回到各自房間繼續啜飲當天晚上的美景。

十月，我的「研究生」生活正式開始了。其實從幾天前跟教授初見面，我就能感覺到他是位一絲不苟的老師，接下來的日子應該不會太輕鬆。果然，從踏進實驗室的第一步，就能感覺到大家緊張的氣氛。聽人常說，研究所是個小型的職場，這句話還眞不是空穴來風。對一個新人來說，老鳥們的一言一行深深影響著我這個不才的後輩。待選定好研究題目後，就要開始做實驗。研究題目的決定通常是有幾種方式，不是指導教授指派，就是學生們自己想，然後跟老師討論，國內外都差不多，且各有優缺點。若指導教授親自指派的題目，對於剛起步的新人來說，可能有很大的挑戰性。因爲教授通常站在至高點，且較有野心的常會有些天馬行空的想像，而想要讓研究生將它具現化。這時候，若研究生本身實驗底子不夠好，很可能實驗會卡關，甚至完全沒有研究進展；但若今天的研究題目是自己找，然後跟教授討論，我認為耗時是最大的問題。對大部分的學生來說，要一次抓住符合自身學位需要的研究範圍是困難的。看過身邊很多例子都是自己找題目，然後跟教授討論，但因為可能自認為時間充裕，再加上教授也沒特別懷疑，一個題目做到碩一下甚至是碩二上才驚覺沒有足夠的產出可以寫完一篇畢業論文而換題目，這是相當不明智的。所以說，無論是哪種方式拿到的題目，都有其利弊，建議可以在著手實驗的途中，也常常思考自己的研究題目是否可以在畢業之前有個好的結果，也多多跟自己的指導教授討論，藉由交換彼此意見來確認整個研究題目的走向。

扯遠了，回到我們實驗室。這個時間點，我們的學生人數來到了七位，兩位日本人，兩位韓國人，兩位中國人，和我這個臺灣人。剛見面時，大家互不相識，所以寒暄都用英文。但是有個問題：日本學生們其實普遍有點害怕用英文交談。不是他們英文程度差，我認為應該是天生日式腔調加上身邊可能跟外國人的接觸較少，一開始兩位日本人是比較少話的，但這反而讓我更加想要「一探究竟」。先說，這兩位都是男生，我並沒有什麼奇怪的念頭喔（這年頭男生也會被騷擾啊～茶～）。這兩位日本人

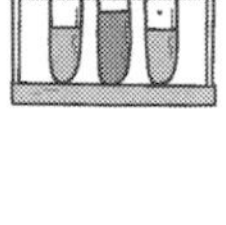

姑且簡稱爲松村君和浦越君，松村君個性開朗也很有自己的想法，問他什麼基本上都會給出自己認知內的意見；浦越君責任感很強，新人時期多虧他積極的指導，很快就習慣實驗室的作息和生態。

在正式的入學考試前，有三個月的時間可以讓新人熟悉環境且評估自己適不適合所待的實驗室。若是運氣眞的不好，跟眼前這位教授的頻率實在不合也可以考慮在未來的考試中選擇別間有興趣的實驗室，爲自己的研究之路加分。

我是十月入學，隔年一月底考試，在這段期間，其實心情轉折是頗巨大的。在日本念書跟在日本旅遊絕對是兩回事，這應該很多留學生都心有戚戚。除了最基本的語言問題、較高昂的住宿和交通費用、無依無靠的獨立生活能力之外，對準研究生來說，教授跟自己合拍與否，在新人期的前三個月也會是個很大的問題。剛開始的時候，因爲家裡經濟支援有限，要負擔學費，還要兼顧異地的生活開銷，除了在學校吃學餐外，假日三餐基本上都自己弄，一碗飯、一顆蛋、還有一片肉，這樣就是一餐。沒有過多娛樂、沒有旅遊走踏，只爲了三個月後可以贏得那場決定性的戰役。寫到這裡，我必須鄭重感謝一位當初在九大理學府學生事務處的豐田小姐。她在我還沒入學前的八月二十九號寄來了一封郵件，郵件中透露了我可以申請台日交流協會獎學金的消息。收件截止日是在我正式入學後的三周後，時間上來說其實相當急迫。消息一出，我馬上連絡教授，教授也覺得我可以試試看，便決定放手一搏，試著申請看看。

這裡打住一下，其實很鼓勵大家多去申請學校的獎學金，因爲簡單來說，可以讓自己的留學生活開銷比較寬裕。學校通常會把大量相關的資訊放在網站上，基本上除了中文，英文跟日文應該都是會有的，一定要花點時間研讀一下申請辦法跟注意截止時間，千萬不要嫌麻煩，錯失一個很棒的機會。很多人可能會覺得說自己寫不出好的計畫書；或者申請獎學金的學生一定都很優秀，機會輪不到自己；又或者是單純懶散的個性，抱怨手續太過繁複，限期太短等等問題，其實都不是問題。做，就對了。

在申請獎學金的必備文件中，研究計劃書大概是必要且最麻煩的一項了。很多人對撰寫計劃書會心生恐懼，包括當時的我自己。因爲雖然坊間或網路上會有很多撰寫計劃書的參考資料或書籍，對於一個新設想的題目，要在短時間內搞懂背景知識、既有研究、還要界定出未來兩年想研究的主題方向和內容，老實說，不簡單。

但卽便如此，再麻煩的事情都還是有規則可循的，且人人都做得到。當時的我跟自己說，既然有這個機會可以攢到獎學金，那就姑且一試，有寫有機會。因此，就謹愼地從網路上抓了個基本的計劃書格式，而格式不外乎是研究題目、研究背景、研究方法、預期達到的目標，參考文獻和結論。對一個剛踏進研究室的碩士生小白來說，最花時間的應該就是研究背景和研究方法了。

爲什麼這麼說呢？主要有兩點。第一點是知識不足。通常在大學被授予的書本知識其實已經追不上目前最先進的研究發展，有關實驗室級的研發，縱使是有興趣的領域，也不見得使用你聽過的合成方法或是分析技術，基本上進去等於一張白紙，全部得重新學。因爲實驗室裡的任何操作或技術都有很多的眉角暗藏其中，一般生在受大學專業實驗室教育前，除非天資聰穎，參加過奧林匹克之類的相關競賽，不然對於實驗室的一切應該還是很陌生的。至少在我們那個年代，就當時的臺灣教育體制而言，基本上大家從國小到高中畢業，學校在這方面的實作安排都是比較少的。依我當時的經驗，研究題目是教授指派，但對於我來說，熱騰騰的題目並沒有讓我感到無比興奮，反而開始需要大量去閱讀相關的文獻以汲取這方面不足的知識，好讓自己能對該題目有些初步的認識。因此，一開始就整份計劃書來說，最基本的研究方向、研究的困難點、有哪些課題組早已嶄露頭角、目前在全世界的研發進展到哪，這些關鍵的問題都不清楚的話，我想，沒有一位碩士小白還能泰然自若、氣定神閒。第二點是缺乏時間。從豐田小姐用郵件通知我有獎學金可申請到收件截止只有一個多月，老實說，

迎新會上的法國室友跟我

只有一個字，趕。剛到福岡的我人生地不熟，甚至連辦公室座位上的椅子都還沒坐熱，就要我在一個月內生出一份從這研究室投出去的研究計劃，這對任何人來說應該都是一項大工程。但，此時的關鍵還是只有一個，Just do it！做就對了！

因此，我開始著手進行計劃書的撰寫。首先給定自己一個題目和初步的架構，然後就開始大量搜尋相關文獻。從最近幾年的文獻回顧，到該反應的先驅先烈。我的題目主要是跟不對稱氫化反應有關，除了需要提及整個反應研發的歷史故事外，反應的瓶頸、困難點，或者是各個課題組的研發結果互相比較，每個環節都是科學發展的關鍵，缺一不可。凡事沒有捷徑，這種「小事」也不例外。當有了基本的概念之後立刻振筆疾書，像極一隻剛走進迷宮的小鼠，有點倉皇但也有點興奮。反正就是寫，不想太多，當時我是這樣告訴自己的。縱使要在匆匆的一個月內生出一份像樣的計劃書可能會讓任何人止步不前，但無論如何，萬事起頭難，只要開始做，心裡就不會這麼疙瘩了。到了十月二十五號的早上（我記憶深刻，因爲前一晚的半夜還在請我妹幫忙線上校稿。），終於將完稿給郵封寄出，放下心中一塊大石。

第2節　九大山之家

二零一九年十一月，這時天氣已經轉涼許多，實驗室的旅行訂在此時，一行人出發前興奮地規畫著三天兩夜的行程，休息室裡的白板被畫得亂七八糟。我們迅速敲定計畫，先從九大的新生宿舍集合，分兩台車同時出發前往大分旅行。第一天的上午十點半即抵達旅行的第一站-秋月あっぷる家（一座位於久留米，可以入園採收蘋果和梨子的果園）。整個果園相當大，晚秋的陽光特別暖和，如果從高空俯瞰，我們應該很像爬進果園的小螞蟻，正被豐富的果樹和四溢的果香驚豔著。這裡打個岔，其實實驗室的夥伴們彼此這時還不是很熟悉，所以這場實驗室旅行也算是個破冰之旅，讓大家在一個不那麼緊張的氣氛下相互認識。果園裡沒有步道，腳底盡是些小草，八個人路過草皮發出的沙沙聲至今仍如猶在耳。似乎只有我們預訂了這個時間，整個果園安靜又吵雜，此起彼落的吆喝聲，伴隨著慢慢填滿的手提袋慢慢地變小，大約兩個鐘頭後，每個人拎著一袋子彩色，滿臉歡喜。爾後大家隨意在路邊餐館點了炒麵果腹，便繼續驅車前往九州日田SAPPORO啤酒工廠，準備大快朵頤一番。除了可以一飽啤酒製作的工序外，每個人都有一大杯生啤酒免費招待；晚餐則在一家名爲山水亭的蛋包飯小店解決，夜深後便驅車前往位於大分的九大山之家。說到這，大家可能會覺得怎麼吃的部分都草草帶過了呢？因爲跟教授同桌吃飯的壓力是眞的大。就算是出來玩，平常被兇習慣了，突然好好跟你說話著實不自在。通常我都會坐得遠遠的，畢竟我當時是新人且又不是日本人，要順利地溝通只怕難上加難。我們教授很喜歡喝酒，他喝酒一定要配小菜，無論是生啤酒、日本酒。其實飯桌上的他很親切，這點我並不否認。我們室裡的新人都是外國人，一位中國博士生、一位韓國女碩士生，還有一位就是我。教授似乎對中文字很感興趣，畢竟日文裡頭可以見到很多漢字，但意義其實跟我們的中文大相逕庭，所以他非常好奇。他也會問我們自己的國家有什麼好吃的東西可以推薦，當問到我時，我說滷肉飯，他非常贊同，畢竟他有來過臺灣開研討會的經驗，應該對這裡的小吃很有印象。

他似乎對台海局勢也有點涉略。我猶記得，在我申請獎學金時，有一道手續需要登記自己家鄉的地址，且有一格欄位是「國家」。我塡好後給他看，他居然問我說，你覺得「臺灣是個國家嗎？」我當時倒抽一口氣，緩緩地跟他說，應該沒什麼問題。聽後他只是笑笑，沒說什麼。其實這樣的問題也沒什麼，兩岸這種爭吵天天都在上

一行人在果園裡興奮的模樣

演，只是從這不苟言笑的人物口中問出這問題，便令我頓時心裡有點小慌張，事後想想倒也還好。

扯遠了，夜晚八點左右，我們駛到了九大山之家。它是一個九大職員專屬的合宿森林小屋，裡頭有簡單的衛浴設備和幾間和式房間，也有類似交誼廳的空間提供大家在裡頭聊天、交流。十一月的日本山區著實寒冷，我們卸下了行李，拿出下午在賣場買的酒、下酒菜和餅乾零食，共同在一張圓桌上攤開來，邊聊天邊享用大分山區的晚間靜謐。圓桌上，不同國家的人們聚在一起，是緣分，也是一種宿命。我個人對這種奇妙到不可言喻的感覺是很難用筆墨形容的，只能說這世界上還真是有很多東西無法用金錢買

前往山之家的途中巧遇阿蘇噴發

到的，寶貴的經驗就是其中一個。其實我從未想過自己有出國留學的這個機會，我的資質普普，家世背景也普普，但老天爺卻替我安排了這段奇幻旅程，讓我在此刻百感交集。就好比是海倫凱勒跟蘇利文老師的相遇，那是一種從地獄被拉到天堂的救贖，是一種只能留給自己用心體會的感受，旁人是無法理解的。想哭也不是，那就笑吧。我們一票人的第一天合宿就在一次輕鬆的「師生對談」中畫下句點，等到就寢，已是接近三更時分。

待第二天醒來時我們才發現，原來九大山之家的木屋是被滿滿的火山地形和火山口給包圍，不誇張，冒著蒸氣的滾燙溫泉就在昨晚下榻的木屋旁邊。裊裊的灰煙從地下冒出，在白色暖陽的照耀下顯得格外有生氣。旁邊有支告示牌，上面還寫著這個溫泉地如同地獄，蛋掉進去可以在九分鐘內煮熟，告知我們千萬別下去這「地獄」，既幽默卻又具有十足的警告意味。簡單用過早膳後（對，他們這裡還有附早餐），我們便直衝鼎鼎大名的九州屋頂-久住山。它是日本百岳之一，也是許多日本當地居民和觀光客爭相來攻頂的一座山頭。自己其實對爬山沒有興趣，但聽學長說教授每年都要來爬一次，好像不爬也不行，只好帶著雀（無）躍（奈）的心情硬著頭皮從山腳出發，哈哈哈。在準備出遊的行李時，其實我有想到若是要認真地爬山一定需要在途中補充大量的水分和鹽分，所以刻意帶了一些雪餅，沒想到起了效果外，韓國來的李同學也跟我要了幾片，我真是先知！

猶記得山路的一開始就有些坡度，沿著小徑兩旁簇擁的樹叢茂密，上頭還凝著當天早晨的露珠，空氣中瀰漫著芬芳且自然的氣息，感覺渾身舒暢。行走路線並非都是一開始的石板階梯，到後來漸漸地有了一些碎石路段，我感覺我腳下的帆布鞋正無聲地跟我抗議，沒錯，我穿著帆布鞋來爬山，崎嶇的山路似乎相當折磨它。爬了大約十五分鐘後，不經意地回頭一望，赫然發現教授脫隊三十公尺外，落在了我們隊伍的最後面。看著教授頂著一個大肚腩，爬得相當吃力，我便關心地詢問是否需要等他，不過被委婉拒絕了。他雖然個頭不高，但因爲有在上健身房的習慣，身材也是挺有份量的。他希望我們能走就自己先走，畢竟山頂的美景是不等人的。一行人因爲時間寶貴，趕緊一個個箭步往上登。

在接近山頂前會經過一個平坦的大平台，放眼望去是相當乾淨的畫面：俐落的碎石撒在鵝黃的土地上，眼角的餘暉盡是修剪整齊的植披，到了一千五百公尺以上的高度，空氣卻不會稀薄，反而有一種即將成功征服這座山頭的興奮感。踏上了，久住山的標的在跟我們揮手，往下眺望對有懼高症的我來說是有些恐怖，但更多的是滿足和自信的感覺。這一天的晌午，風和日麗，順著風的方向，我們遠眺整個山下美景，轉瞬間將周圍的黑川、久住，和阿蘇盡收眼底。我們邊享用帶上山的御飯糰，邊和不斷攻頂的日本人打招呼，有很多的登山老前輩雖頂著一頭白髮，卻還是精神抖擻，健步如飛，自己看了都自嘆不如。山頂的風兒喧囂，在耳邊轟隆隆的，恰似山神的低語，跟我們娓娓訴說著幾百年來的歷史。一個多鐘頭過後，我們便下山了。下山快得多，但教授依然脫隊了，我們一行人在山下吃完冰淇淋才看到他的身影緩緩出現在登山口，徐徐地擦汗，大口地喘氣。

這次爬山其實有個小插曲。韓國的學長在爬山的途中跟我們脫隊，走丟到另一個山頭。等我們回過神，他老兄在另一個山頭跟我們打招呼！平時有些嚴肅的他怎會在這種時候恍了神，眞令人不可置信。總之，這次的登山之旅很充實，也有運動到，久久來一次眞的能夠活絡筋骨，打通任督二脈。久住山標高接近一千八百公尺，我們沿路上去，再沿原路下山，看見了晨光，聽見了鳥鳴，遠離了喧囂，親近了自然。讀萬卷書，行萬里路，若只是在書上看到別人口中的健行，或許當時的一切就不會這麼的歷歷在目、刻骨銘心。我們一行人在二零一九年與久住山結下了善緣，也希望久住山山神保佑我們每一個人，在未來的旅途路上更加順利，心想事成。

下山之後的我們沒有太多的停留，便驅車前往四十分鐘路程遠的阿蘇神社。裡頭有銘水神の泉給大家加持、鼓勵；也有馬肉可以享用，雖然我沒吃，因爲個人興趣不大，但聽說肉質富有彈性，其實受很多人喜愛。另外，明仁天皇即位的御大典紀念柱，看起來有點像國小操場的升旗台，咳咳，別誤會，我完全沒有任何蔑視或不敬的意思。就大家所知道的，日本各地有很多神社，幾乎可以說是象徵這個大和民族的一個代表性標的了。除了這個阿蘇神社外，後面將會提及的旅遊景點中，比如說連假時我去過的鹿耳島的貓神神社、長崎的淵神社和諏訪神社在當地都很有名，推薦大家如果有到九州玩，可以安排時間去一窺究竟。假日的阿蘇神社並沒有很多人，也因此我們可以很愜意地享受這個幽靜的午後時光。我們一行人在品嘗完馬肉、拜完銘水神，附近稍微逛一逛後便啟程回到九大山之家，結束這精實的一天。

啤酒工廠的免費招待生啤

登頂久住山

到了第三天早晨，我們來到最後一個但也是最期待的由布院溫泉勝地。聽說由布院是當時全日本溫泉量第三多的溫泉勝地，這位人氣一直都很高的朋友在我們的車停進需收費的月極停車場前，就已爲了熙熙攘攘的遊客而忙得不可開交了。我只能說，時間點恰恰好。楓紅季節的由布院美麗動人，一切都是這麼天然，這麼引人入勝。從入口處的古樸色車站、中間狹長且擁擠的湯之坪商店街、到最深處金鱗湖的波光粼粼，我醉了，醉心於這楚楚的美人胸懷。整個眼前被紅綠黃橘相互交織而成的絢爛秋意給感動，美不勝收，目不暇給。金色的陽光從高可蔽天的樹枝隙縫中撒下，在腳邊舞動著一齣又一齣的皮影戲。我們就像造訪這劇院的數萬過客中的任何一批，駐足、凝望、落淚，給予掌聲。我們幾個在十二點左右到達一處遊客較稀少的山頭上，找到一家溫泉泡湯，悠閒且舒服地享受了半小時後，便下山頭跟教授會合，準備打道回府，結束這一趟美妙的實驗室旅行。

老話一句，快樂的時光總是過得特別快，我們大約在第三天的下午一點半左右便開車返回福岡。沿途我們睡得挺熟，教授開車，沒有說話，沒有聽奇怪的重金屬搖滾，一路上安安靜靜，一個只屬於我們八個人的回憶就此封存。

第3節 院試

實驗室旅行結束後，我們三個新人便爲了院試的面試而緊鑼密鼓地開始著手實驗。院士考試的規則其實很簡單，有面試也有筆試。面試是一次面三位教授，講述自己從入學到面試前所做的研究成果，接受質詢；筆試則是自己的指導教授出題，且只有實驗室方向的題目。前面我有提到九大的規定爲：新人進實驗室的研究題目是由教授提供幾個讓我們選擇，基本上反應式看起來越簡單的實際上執行起來可能難度會越高。我當初選了個利用鈷催化的氫化反應，只是覺得鈷化學應該很漂亮，完全沒有想過這實驗的難度，現在想想眞的有些天眞。之所以說難度高是因爲鈷金屬係過渡金屬，在有機催化反應中，活性較高且被廣泛研究的是地球上較稀有的銠、釕、鈀、銥這類的活性金屬，價格雖然高但反應性著實強；反觀過渡金屬，如果文獻看多一些的研究者夥伴就會知道，每當有鐵或者是鈷這類金屬成功被應用在高難度反應上時，若有很好的反應收率或轉化率，那篇文章的價值是相當高的，因爲非常不容易。而當時的我並沒有這種概念，便欣然接受了這個題目的指派。

另一個難題是有關於芳香族的氫化反應。啊！我先說明什麼是氫化好了。氫化反應就是利用氫氣加成（addition）到化合物的雙鍵或三鍵上，使之斷裂。再來，芳香族簡單說就是：只要結構中帶有苯環的化合物，我們都可以稱之爲芳香族。那爲什麼芳香族的氫化反應這麼吸引人，有什麼特色或困難點呢？其實這類反應早在十七世紀起就被發現，在十八世紀時被廣泛研究。帶有苯環的化合物之所以難被氫化，主要是因爲這類化合物常常都可以因爲苯環的存在而使自身可以被共振穩定（Resonance stabilization），結構或化性相當不容易改變。以往都是需要嚴苛的反應條件，如在高溫高壓的狀況下，才有辦法製備此類藥物。但，催化氫化的出現改善了這個問題，主要優點莫過於：催化劑用量小，且高溫高壓的嚴苛條件也被省略。只要一被成功催化氫化，產物會是個帶有手性的有用藥物前驅物。什麼是手性？手性（chiral）簡單講就是只要一個物體跟它自己本身的鏡像相反便稱之，就像是我們左手跟右手的關係。人類史上有許多重要的藥物發明都帶有手性，而往往一對手性化合物若是其中一個有醫療效用，是好的，那麼另一種就會有壞的效果，就像一把雙面刃。最著名的例子莫過於沙利竇邁（Thalidomide），這種藥物的R構型有抗妊娠嘔吐、鎮定效果；但S構型卻有使新生兒產生畸型的副作用。因此，選擇正確的手性藥物對症下藥是一門重要的學問。所以我們根據很多手性藥物都含有某種芳香族經過氫化後的結構爲研究基礎，著手針對不同種類芳香族底物的氫化進行研究。詳細的實驗過程我就不贅述了，寫太詳細就變成論文，這可不是我的本意（笑）。就好比一般的反應開發，一個個的實驗參數去作逐步的篩選。漸漸地，有些數據生成，經過整理、分析，慢慢對這反應有所認識之餘，同時也在熟悉這間實驗室。

三個月很快就過去，隔年一月底的考試馬上就到。

考前兩周的情況可說是如火如荼。一邊要搞實驗，一邊要準備抄錄會（實驗室裡的論文研討會）的資料，每天晚上都還必須複習有機化學的內容。知識的東西一直都是書到用時方恨少的概念，只慶幸大學時期有打些底子，而在來日前也有整本再念過一遍，所以在這方面的準備上倒還不算太吃力。

很順利地，我通過面試和筆試，在三月正式成爲九大的碩士生。這都要歸功於我父母的支持、實驗室的學長、和一起奮鬥的小夥伴們，且經過一番努力之後，另外兩位同期生也順利晉級。放榜那天我好開心，之前一切的努力都值得，我在九大的正式學生生活卽將拉開序幕。

接下來會針對留日生活點滴去做一個個主題式的分享。可能不會按照時間軸的順序，基本上會根據某件事情的發生，講述我個人的經歷和看法，也可能跟目前寫書時的一些初入職場後的見解做結合。總之，可能會是較理性的一個篇章，在這裡先跟大家知會一下，那麼我們就開始吧！

第三章

留日雜談：碩士生活不簡單

第1節　對碩士生活的想像

不知道有念碩班的大家在就學前對碩士生的生活抱有什麼奇怪的想像呢？是每天埋首在電腦前，在一堆數據跟圖表之間周旋；還是成天在實驗室裡煮這個熬那個；抑或是每日三根菸，酒瓶不離手的菸酒生呢？無論是哪一種，都是一種個人對未來生活的想像，我覺得都很好。實際上，根據科系的不同，碩士生的生活也是大相逕庭，各有千秋的。就以我們有機金屬化學專攻來說，每天泡在實驗室，花很多時間閱讀相關文獻就是一種再平常不過的例行公事。在日本，碩士生的話，基本上做好份內的實驗，並有些新發現其實就可達到畢業門檻；但若是博班學生，除了需要大量的實驗數據之外，對於自己做的研究還需要有創新的想法跟好的結果，在我個人看來，這點是最爲困難的。萬物道理都是如此，從零到一最難。所以就我所知，很多博士生需要數年的時間來訓練跟培養，在畢業前一延再延的例子也屢見不鮮，甚至很多唸到一半便放棄去工作了。倒不是這件事眞的有多難，但對所做研究的領域抱有極度的好奇心跟熱情，我覺得在那個階段中是最關鍵且不可或缺的。

對我們教授而言，無論是想從他那裡拿到碩士或博士的學位，可是需要擁有硬實力的。首先，在每周六的抄錄會上，面對他對於文獻的一連珠炮問題，你必須回答得上。他總是問問題問得很深入，有好幾次爲了回答他的問題，我還特地寄信給文獻的作者，歐洲、亞洲的都有，繞了地球好幾圈就是爲了給他一個滿意的答案。當時眞的很不解，問這種問題幹嘛？這不就是實驗的結果，有什麼好問的？但，事實證明，有幾次還眞有他的道理。有的是發現作者根本在亂講，吹牛不打草稿；有的是確定作者的實驗操作有誤或是寫出一些不可能實現的實驗步驟；還有一些數據只是作者恰巧矇到，沒有任何根據，而經寫信詢問後，作者自身也承認確實只是巧合，原因他們也不清楚。不得不說，有時候教授還是懷疑得很有道理。除了課本上的知識以外，他也希望我們可以快速地從文獻上汲取精華，抱持著批判性的精神，活用所學。

其次，在桑野教授的眼裡，要成爲一名合格的碩士生，厚植實驗技巧的硬實力也是必要的。平常除了聽日本各校的研發成果發表之外，教授是希望我們可以利用大部分的時間專心在實驗室進行實驗。我承認，他對我們可能較不放心，也或許只是他個人控制慾稍微強了些。可能有些人會覺得這種實驗室的教授作風很硬，日子不好過；但我們卻覺得很充實，夥伴們之間無形中形成一種默契。這種革命性的情感是難能可

抄錄會的午夜夢迴

貴，也是一輩子都不會忘記的美好回憶。對於有機化學方面專攻的學生而言，熟悉各種儀器原理跟操作，反應器材的架設和觀察，都是未來吃飯的傢伙。不要說現代的學生，凡舉從古至今的偉大科學家，哪一位不是經年累月在實驗室裡忍受孤獨，勇於挑戰未知，並鍥而不捨地找尋科學路上待價而沽的寶藏？或許教授就是希望讓我們領悟這一點，畢竟現代人身邊的誘惑太多，很多人其實沒有耐性去好好磨練自己，一心只想賺快錢。到頭來，失去了健康、親情，可能都還執迷不悟，茅塞未解。昭和時期的老派作風終究有他的硬道理存在，你說是不是呢？

第2節　福岡冷颼颼的冬天

讓我們來聊聊福岡的冬天吧！九州的天氣一向都是四季分明，深受大家喜愛，是日本旅遊首選的前幾名。但在一月的深冬時分，總是有這麼幾天，無情的冷冽會天天埋伏在上學的途中，貫穿厚重的外套，狂亂地將我四分五裂。想起那段受到低溫摧殘的日子，每天清早出門時，就是被無間斷、白花花的大雪發狂地往身上衝撞，行走在無處不積雪的道路上，只能說寸步難行，就連距離租屋處幾公尺外的公車站也要耗上快二十分鐘才走得到。雪摸起來就像冰塊，很快就融化的冰塊。猶記得小時候，媽媽跟我們說她很嚮往下雪的北海道，浪漫的氛圍總是在他們那一代留有無限的遐想。但我只能說，真正經歷過所謂暴風雪的話，應該就不會再懷抱這種不切實際的情懷了。一年裡有兩三天「很幸運」地讓我遇到暴風雪，整個體驗只能說恰似一個瘋狂的拍賣會現場。我就像前腳剛踏入會場的小生，被大批的婆婆媽媽擠來擠去，除了頭暈目眩之外，身上一片狼狽；又彷彿身處大型抗議遊行，被抗議者用冰塊不斷往身上攻擊，整個外套沾了冰雪，又濕又冷。好在福岡的冷是乾冷，不帶水氣，除了溶化後的雪水微濕，空氣中並不會讓人有濕黏難耐的感覺。整個福岡是以很踏實、乾淨的低溫來迎接每一個人。

其實，冬雪的經驗也不是完全都這麼不堪。有一次九月底就下了很早的一場初雪，那是一次安靜的相遇。沒有告知、沒有聲音，六角精靈們就像上帝在藍天上打磨食鹽，緩慢地降臨，緩慢地在地上集合，並用溫柔的語氣跟在十樓研究室的我們打招呼。目睹那美景的當下，欣喜若狂，趕緊放下手邊的實驗，到外頭迎接這遠道而來的嘉賓，猶如多年不見的好友，交談甚歡。

在日本求學期間，上下學的交通基本上都是騎自行車。冬天有時沒辦法騎，太冷，冷到骨子裡去，只好搭公車，也就是所謂的昭和巴士。到了學校，所幸辦公室和實驗室都有暖氣，冷得直發抖的身子才得以緩緩。白天裡的校園有時整個會被大雪覆蓋，從十樓望下去，建築物就是一塊塊千層蛋糕，頂樓覆蓋的白雪便是蛋糕上的糖霜，在暖陽的照耀下，光彩奪目，美不勝收。冬夜裡的伊都校區也十分美麗，昏黃的路燈、雪白的街道，彷彿自己就是連續劇中的主角一般，隨時要把狀態調整好，準備上場。

又有個記憶是當初實驗室旅行時，在十一月的大分深山裡洗澡，冷到不行。一開始水還開反，開到冷水，雞皮疙瘩立刻豎起，那是一種像觸電般的冰寒，貫徹心肺，直通手腳四肢，整個人就像被定住般，直打哆嗦。

平時在租屋處也一樣，雖然洗澡間跟我的房間只有幾步之遙。但每當深冬來臨時，這個距離就像是被無限拉長一般，令我在出澡間後痛苦難耐，唇齒間相互摩擦的聲音嘎嘎作響，恨不得直接用鹽巴醃起來，這樣就可以省去皮肉之寒。

只能說，廣大如日本領土，縱使緯度最低的九州，冬天時還是可以扮演好他自己的角色，冷也會冷到心坎裡，讓留學生的我們一輩子都忘不掉那種「凍」魄之感。

第3節　在外租屋的喜與悲

這節讓我來談談我在日本住的租屋吧！剛到九大時，學校會安排房間給我們外國學生住，但只有三個月，期限一到，便會把我們趕出去，因爲他們要再繼續招生，這其實合理，我認爲。畢竟，學校沒有義務讓你外國學生永久住在宿舍中。學校提供的宿舍還不錯，四人一間，一間公用衛浴設備，離實驗室大樓走路大約十五分鐘，有共用的鍋碗瓢盆，也會不定時地在中庭舉行活動，如BBQ或在多功能室辦交流會等等。恰似很完美，但其實缺點很明顯。

首先，四人一間的合租型房間，最有可能起爭議的便是公共區域的維護。我的宿舍是跟一位來當交換學生的法國人、一位來唸博班的中國人，和一位當地日本大學生一起合住的。日本人是系上足球隊的，很常吃完晚餐之後不清理碗盤就直接去練習，爲此讓其他人都很苦惱。其他要吃飯的人必須先清理他留下的髒碗盤，有時甚至讓一些渣滓堵住下水道，跟他反應過很多次都沒有效，讓我對日本人的好印象在我僅過去兩個月內徹底瓦解。日本人也會在自己房間內聽重金屬死亡搖滾，聽也就算了，還將聲音放出來，但偏偏木造建築隔音效果很差，整個四人房都在搖滾。眼看就要變成我死亡了，跟他講這才改善。

法國交換學生只來日本幾個月，到處玩，也沒看他去過學校幾次。因爲常常不在，平常宿舍安排好四個人要輪流做的公共清理，他也沒有參與，這也令我們相當頭疼。不得不說，相比之下，博班的中國人眞的是比較有責任感，願意理性地看待事情並處理。基本上在學校住的最後一個月，公共事物都是中國人跟我在弄，或許另外兩個人當時太年輕了，道德感跟責任心其實還沒有那麼健全。

來日三個月後，我們正式成爲九大的學生，同時也被這裡的管理員告知搬離的義務。即使有讓我們抽籤的一個機會，實驗室的三位新生包括我都沒能留下，只能到外面尋找新的租屋處。所幸在離學校不遠的学研都市車站旁有一家某U開頭的租屋公司，很多留學生都會到那裡去租房，我們在韓國學長的推薦下，相繼到這家租屋公司詢問。所幸，遇到一位曾經到臺灣留學過，會講中文的なな前輩，讓整件找房子的事情變得容易許多，最後也順利地找到在周船寺附近的一間新蓋好的合租房。日本那幾年好像都流行這種房型，一間可以容納很多人，因爲衛浴跟廚房都只有一間，公共區域就大了許多，雖然對我而言，用到公共區域的時間眞的不多。我搬家完全不靠別人，一趟公車便解決所有事情。自己將整理好的大小包拎上公車，在一天風和日麗的早晨，啊，就是三月十五號，我記得好清楚，因爲那天就是我被從學校宿舍趕出來的悲傷日。從學校宿舍坐公車到周船寺後，我因爲身上的家當實在太重了只好在當地叫了台計程車，沒想到距離我新家相當近，還被他繞了點路。日本計程車是黑色的，跳表計價跟臺灣很像，只是費用高了不少。好不容易到了新家，拿了鑰匙，馬上就把自己鎖在房間外了。因爲房間是密碼鎖，當時還沒記得密碼，只好厚著臉皮跟不動產公司的夏村先生求助，待他很好心地幫我確認，並笑笑地告知我那組神祕數字後，當下眞是羞愧極了，他一定在心裡嘲笑我不下十遍了吧，哈哈哈。

住進新租屋，很快，在新學期開始前，跟其他入住者也遇到了。這次是一位中國人，兩位日本九大學生。沒錯，中國人到日本求學、工作的比例眞的很高，因爲很多人前仆後繼，他們在日本留學這方面的論壇也是相當熱絡；反觀臺灣學生在網路上討論的就相對較少，當初留日前很多的資訊都是從他們的知乎、小木蟲等網路論壇上找到的，準備之路著實不易。拉回來，這個新租屋跟原先的其實很像，也是四人合租房，只是再更大一些，也有共用的衛浴、廁所，跟廚房，還有一張大大的沙發，雖然我後來都沒什麼機會用到。但這次沒有傢具，需要的傢具都要自己購買。所以搬進去

的當天下午我就到附近的「マルキョウ」採買了一些日常用品，另外在網路上訂了個小電鍋，希望新的學期有個新的開始。

新租屋在周船寺，那是一個被九大學生稱爲宇宙中心的地方。因爲在九大附近只有稻田，要一直到周船寺才開始有一些餐廳、超市、麥當勞，附近也因爲有很多人居住，藥局、各式小診所都一應俱全，生活機能可謂相當方便。但鄉下畢竟是鄉下，還是沒辦法跟城裡的五光十色相比擬。所以一有連假，我就會暫時告別周船寺鄉間的寧靜，坐電車到博多或天神，投奔熱鬧街區的懷抱。

新租屋的生活樸實無華，夜晚附近是相當安靜的，給人一種不假妝點的平凡。跟其他租屋學生的相處也是如此，直到一起事件的發生。那是我快要畢業前，正在水深火熱當中發生的事。有一天回到家，我發現馬桶堵住了，很明顯水沖不太下去，當下立刻決定隔天再到學校去上廁所。但，隔天晚間一回到家，我隔著門就可以聞到一股異味，是從廁所裡溢出來的，打開廁所後的景象就不敘述了，我馬上將三個躲在房間裡的人給請出來，到底誰會噁心到馬桶堵住還繼續上？詢問之下是其中一位日本學生，當下我真的快要瘋了，日本人給我的印象分數也真的扣到所剩無幾。讀大學的中國人當下便自告奮勇說他會去連絡相關單位，將事情處理好。因爲我白天都不在，不

陪伴我兩年留日的房間

可能是我去聯絡，所以當下便感謝他，並祈禱這一切在我第三天回來前可以完全解決。隔天回到家，總算整件事情圓滿落幕，除了對中國的夥伴表達感謝，其實我也有些羨慕大學生可以不需要每天都去學校，自由的時光總是閃閃動人。

來說說我們實驗室裡夥伴們的租屋種類。我的租屋在實驗室中算便宜的，一個月的租金大約是日幣四萬五，相當於台幣一萬多塊錢，包水電跟網路；還有一種很受我們實驗室韓國學生的歡迎，屬樓中樓的房型，一個月要價日幣六萬多，相當於台幣兩萬左右，所以我們都戲稱他們是お金持ち（有錢人）。中國來的齊君（後面大多會用「君」來代稱實驗室的夥伴們）住我樓上，我們其實都覺得這租屋的大小跟品質很夠用了，不需要到樓中樓的等級。有時，他會展現精湛的廚藝，讓我上樓去品嘗一下他家鄉的風味菜，有時我們也會利用韓國學長的大房子來開個披薩VR派對。因爲是雙層樓的大房子，裡頭東西自然也多，因爲他很喜歡做些電路板相關的手活，房間裡堆著各式各樣的五金工具。他也很喜歡玩電動，遊戲資料片多的不計其數，留學期間有好幾次到他家裡度過一次又一次的美好時光。

總之，在日本租房，不論是雅房或套房，可能或多或少都會有些問題存在，尤其是對於留學生來說，在語言沒有那麼通的情況下，很多的誤會會油然而生；但相對地，好玩的地方還是有，且大多木造材質的建築還是可以達到冬暖夏涼的效果。有一說一，日本造的房子住起來除了跟同居者的一些小紛爭外，兩年內還眞沒出過什麼大亂子，相當令人安心。

第4節　陪伴我兩年的白色悍馬

若是被問到留學這兩年能順利度過，且不孤單的原因，背後一大功臣便是我的那台白色自行車。它是在我租屋附近的車行買的，一台普通卻不平凡的腳踏車，在我搬到外頭來的第二天，他就跟我相遇了。那是一家小小的腳踏車車行，裡頭堆滿了各式各樣的腳踏車和零件，它整身雪白的烤漆和看似孤傲的龍頭讓我一眼就看中它，雖然要價兩萬日幣，我也相信自己的眼光是對的。從此，留學的路上多了位夥伴，它陪我度過了許多的晴雨天，踩過無數遍的街口，我們幾乎形影不離。無論是平日的上下學，假日出去閒晃的慵懶時光，最重要的是，當星月高掛，從實驗室裡拖著疲憊身子回家時，它就成為我的最佳聽衆，我又是說、又是唱，而它，只是靜靜地聽，靜靜地陪伴。

我的自行車前方有個菜籃，起初我覺得不甚雅觀，想拆掉，但後來這菜籃發揮的極大用途讓我大大地赦免了對它的流放。原因是，幾乎每天晚上我們都會去「MaxValue」買一些便宜的特價宵夜，有時一買就是兩個便當，甚至還有一堆瓶瓶

白色悍馬的最後身影

罐罐，菜籃兄就是在這種重要時刻發揮了它非常強大的功能，以致於我們還反過來感謝它的付出，默默卻又不辭辛勞，可謂媲美母愛。每晚在家門口從籃子裡將便當拿起來的觸感至今仍猶在，那是一種循環，一種和自己對話的好機會。或許有人會覺得這是一件小事，但我眞的幾乎每天拿著便當要走進宿舍時，都會跟自己說「お疲れ様！」，對自己是種鼓勵，因爲値得被鼓勵。

我跟這四白色悍馬最遠是從周船寺途經美咲が丘，再到加布里，約十公里的路程，我們兩小時才到達。依稀記得那是四月一個風和日麗的早晨，因爲疫情的關係，我們有段時間不能到學校，於是偷偷溜出去玩。沿途慢慢騎，跟太陽招手、對來往車輛吹口哨，我們倆就這樣互相陪伴，最終到了沿海公路的出口。那時，早上十一點半，我們倆喘了口氣，望著波光粼粼的湖面，心滿意足地回程。那是一種心靈上的富足，再多金錢也買不到的難忘旅程。

返回臺灣的前夕，我將它擱在了九大，彷彿請它繼續幫我寫接下來的故事。未完待續的劇情成了它跟我之間的跨海約定，而曾一起走過的風風雨雨，在這兩年內深烙在我和它的共同回憶之中，沒有一絲矯情，更沒有加油添醋的味道。我認爲我會永遠記得爬九大上坡路段時的艱辛，和下坡時讓涼風輕拂過臉龐的暢快，不會忘，因爲那個故事中主角有兩位，我和我的白色悍馬。

第5節 戰友集結！

說到了陪伴我兩年的夥伴，除了心愛的腳踏車之外，相處時間最久的應該就是實驗室的同學們了。在這節裡，我想簡單介紹一下我的同學們給你認識。

前面也有提過，我們室裡包含教授有九個人。兩位韓國人、三位日本人（有一位學弟在我入學一年後加入）、兩位中國人，加上我共八位學生。其實大家相處挺融洽，從一開始的陌生到後來早上見面都會道早安，異國同儕間的關係隨著熟悉度增加而越發緊密。但，只要有人的地方，很難沒有衝突或誤會，事實上室裡也多次發生一些小插曲，剛好可以讓彼此更加認識對方，藉此機會學習包容與體諒。以下我想針對各別的夥伴進行回顧，希望除了幫自己喚醒一些跟他們共同擁有的記憶，做個紀錄，也希望自己能藉由走進這條時光走廊重溫這塵封的美好。

既然是到日本留學，那就先從身爲日本人的三位先說起吧！三個人的個性差挺多的：松村君觀察力強，且對每件事都很有自己的想法，是個邏輯很好的夥伴；浦越君非常努力，是實驗室裡畢業前做最多實驗的人，且幽默風趣，腳踏實地的感覺讓人由衷欽佩；而後期新來的學弟工藤君也是一位很有想法，相當聰明，後來直接轉到京大研究所的高材生。他們總體來說較傾向將自己分內的事情顧好，這樣的態度雖然旁人看來有些冷漠，卻也是獨善其身的表現，個人認爲沒有對錯。兩年裡，大大小小的活動，幾乎少不了日本學長們的幫忙，小從實驗室旅行的規劃，大到研究成果海報的製作或是擔任大學部實驗的助教（我也有負責過一學期，主要工作就是協助化學系學生操作簡單的實驗，還有批改實驗結報），他們貢獻良多同時也獲得教授的信任。

教授因爲信任，而不斷指派大小任務給他們，表面上看似被重用，但這最終引起他們的不滿。在學期快結束前的一次線上實驗室介紹會的準備時，松村君被指派爲解說擔當，本人卻嚴正拒絕且淚訴他長久以來的不愉快。我們其實沒有很驚訝，因爲平時他就已經表明態度很多次了，只是最後一根稻草使他的情緒在大家面前潰堤，淚如湧泉。那次討論的決議在他和教授僵持十多分鐘沒結論後就變成我們外國學生來準備介紹會了。其實是件小事，但當下的場景卻清楚映在眼前。我個人認爲是教授刻意想讓他多點經驗的磨練，但學長自己的個性和主張將這看似沒有任何好處的推手拒絕門外，長輩的期盼和後輩的訴求沒有達到最好的平衡，我們旁人看在眼裡著實五味雜陳。

浦越君是這三人裡頭最早畢業的，畢業典禮後兩天我們還一起去吃迴轉壽司慶祝他的順利畢業。相對其他兩位日本人來說，浦越君就是一位比較成熟的大人，情緒控管相當穩定，即便有時接收到教授有丁點過分的要求，他也可以沉住氣，把被交代的任務給完成。從他身上可以感受到成熟、穩重、細水長流的生活態度，和深厚的化學底子。他兩年內開了七百多個實驗，是我們所有人當中最拼命的，每次期中和期末報告也都是他的實驗最有一些快速的進展，值得效法。後來他去了德島的化學公司，我也期盼哪天可以路過順道去拜訪並且跟他喝兩杯敍敍舊。

工藤君是我畢業前半年才加入的新人，這位學弟腦袋很靈光，且對於實驗很有自己的想法，我原本以爲這樣很好，就讓他自己安排實驗，探究自己想探究的。但，教授不這麼認爲。教授希望實驗的進行可以照著他個人的意思走，按照他的邏輯去一步步解析，想當然爾，他跟教授處得不是很愉快。與其說兩個人理念不合，倒不如說兩個人想看到的故事不同。我認爲沒有對錯，但必須找到一個折衷點。尤其是教授跟學生的關係，因爲每個教授應該都想在研究上有些成果，進而要求研究生，更甚者必須按照他的思路走，桑野教授便是如此的一位。但跟教授不合歸不合，私底下跟我們還是有說有笑。曾經有一次，他在我的抽氣櫃上畫下詳細的亞洲地理位置圖，國界的稜角、正確的相對位置讓我們所有人對他讚嘆三分。這三位日本人對於實驗的態度差很多，浦越君是相當認眞，很捲；但相較之下，另外兩個人的態度就不是那麼積極。這跟一般人認爲日本人通常具有職人精神的觀點是截然不同的，甚至也可以說「一生懸命」是他們上一輩人的想法；新一代的日本人比較有自我意識，希望自己不會被工作給綁架。現在想想，無論是在哪個國家，年輕的一代都會希望工作可以跟生活取得平衡。

再來說說韓國的夥伴們吧！韓國的有兩位，一位是比我早來實驗室一年的元學長，另一位是跟我同梯進來的女生李同學。這兩位韓國人家裡都很有錢，在日本住的也都是樓中樓等級的租屋，是我們幾個學生裡頭的有錢人代表。

學長家裡有很多遊戲、零食，沒有什麼書，但他對政治、地理，和歷史卻很有興趣而且瞭解甚多。我實驗桌的位置正好就在他隔壁，他常常問我有關台海問題，或者對民國初年的一些歷史人物的看法。有時當世界上發生了些什麼重要的大事件，都會主動跟我討論，是個很厲害的角色。娛樂方面他也都不缺，除了遊戲機數台，電腦裡也是裝載著滿滿遊戲。他也常邀請我們去他家開VR派對，我們就會在他不知道從哪裡弄來的大投影幕前邊吃著烤肉邊看電影，或者一起玩遊戲，那是一輩子都不會忘記的快樂時光。但他有個小缺點讓我們其他人不禁唏噓，就是脾氣不太好。有時情緒起伏太大的他，會因爲一些小問題把他自己惹得不開心，也常會用大量消費來弭補自己不開心的情緒，他甚至曾經說：我消費故我在。可能很多有錢人的家庭教育都會塑造出這種價值觀，在我看來，沒有對錯，但總覺得不是那麼好，因爲他沒辦法體會所謂眞正的知足是什麼意思。

不過撇除這個小缺點外，學長還是很照顧我們的。科研大部分的日子其實很枯燥無趣，他常常會幫我們找樂子，給我們看一些有趣的影片，或者分享一些好笑的新聞以排解日常的無聊。他的日文相當流利，雖然是土生土長的韓國人，但我剛認識他時，曾一度以爲他是日本人，因爲眞的很厲害。身爲桑野教授的博士生，他背負非比尋常的壓力可想而知。但也因爲跟教授相處時間久了，他變得很了解教授的脾氣跟作息，這點讓我覺得很有趣。在每週彙報實驗進度的時候，他都可以精準預測教授當天的脾氣如何，如果脾氣不好，皮就要繃緊，不好的數據就要有充分的證據跟理由解釋。不過通常若教授不高興，當週做再多實驗他都不會滿意；若教授心情好，即便只有一兩個實驗結果，他也會笑笑地請我們加快腳步。後來，我彙報實驗進度的時間被排在跟學長同一天，都在每周的禮拜四。他每次都會看一下我當週的實驗數據，叫我先上，然後回來給他報告教授的心情狀況，這眞的讓我哭笑不得。因爲若我的狀況還行，那學長就可以安全下庄；但偏偏有時候狀況很糟，可能TLC片沒有點到、粗產物沒有秤重，或者犯了些教授覺得絕不可犯的低級錯誤，我就會被罵得很慘，教授脾氣就會變得一蹋糊塗，而學長的臉就會慘白如雪。寫到這裡，嘴角不禁上揚了一下，因爲這都是人生經驗啊！珍貴的人生體悟，有時並不是花大錢就可以買到，而是去細細品嘗生命中遇到的點點滴滴，去用心感受，用心回味，有一天會感謝那個曾經認眞的自己的。咦？怎麼突然感性了起來？哈哈哈！

身爲工作時就在我身旁的戰友，學長常常教我一些奇怪的韓語，如집에 가고싶어（想回家）、모대모게다（沒幹勁）……等等。剛開始覺得挺有趣的，一度還讓我買韓文單字書，想好好學習一番，不過後來實驗跟抄錄會實在太忙，就沒再繼續學了。每天我們都在講這些令人發噱的韓語，「類抱怨」這實驗室平常工作的無聊。

學長點子也很多。我們平常在使用的HPLC是相當老舊的型號，不僅有需要大量人爲手動的部分，燈還常常故障，更別提沖堤液只有己烷跟乙酸乙酯可用了。因爲實驗室裡很多題目都會考慮到化合物的手性，唯一一台能測手性的HPLC當然炙手可熱。一台儀器三五個人搶著做，而且到了後期，每天越來越忙，也沒有時間慢慢待在儀器旁邊等數據，這時學長就想出個點子。他在HPLC換管柱的按鈕上裝上一個機械手指，然後在手指的對面鋼條上加裝一台小型攝錄機，利用遠端操控的軟體，他可以在辦公室輕鬆監控實驗的進度，甚至回家後還可以繼續操作；不只如此，他還在實驗室的兩個出入口上方加裝小型監視器，藉此來注意教授的動向，適時提醒大家。有時隨和、有時風趣的個性讓他在實驗室裡受到大家的信任和愛戴，也爲我的實驗室生活增添不少有趣的橋段。

韓國女生是我們實驗室的室花，聽她說之前就職內容不是化學專業相關的，是後來有興趣才想再念個碩士學位，是個愛笑的女生。其實我們大家都住得很近，我們有四個住在周船寺，一個在新宿，兩個住學校周邊，說周船寺是宇宙的中心眞是一點也不爲過。她給我們一種很喜歡錢的形象，在學校就讀期間，她做過遊戲實況主，後來可能覺得沒戲，轉去做線上家教，一直以來都周旋在各種打工中，也沒看她把錢用在對的事情上面。她有次跟我們炫耀她在租屋裝了台二十萬日幣的電腦，準備挖比特幣；一會又說要換專業去念生化博士學位，但都不怎麼在本行上下功夫。有想法但過於好高騖遠，這是我覺得挺可惜的地方。她租屋是很大間的樓中樓，我們曾經一起到她家開過派對，喝了不少酒，還好我們是騎腳踏車。後來，從九大畢業前，她說要回去韓國當公務員，我一臉懵，但還是祝福她，畢竟生命會自己找到出路，我是一直這樣相信著。雖然我不是很認同她的一些作爲，但總體而言，她還是個心地很善良的女孩子。這麼說起來，眞的很懷念那時候單純當學生的日子，敢怒敢言，出社會後除了要看別人臉色，還不能在上班時擺個臭臉，避免惹得同事不爽，人生眞難。

兩個中國來的學長是眞的跟我的價值觀比較接近，姑且在這裡就稱他們是齊君跟張君吧！齊君年紀小我三歲左右，張君則是跟我一樣，大家因爲語言相通，很是合得來。跟我以前遇過的同儕很不一樣，他們腦袋裡很有料。世界地理、中國歷史、二戰的船隻、槍械等等，他們都很清楚。這讓我發現一點，搞化學的好像都不排斥學習史地，甚至有些到熱愛的程度，這可能跟我們常常在找文獻，或者做些研究回顧有相關。因爲在找尋相關文獻的時候，你自然而然會注意到年代、時間軸，進而跟當時的時空背景做結合。這時，如果你又有在玩一些戰爭類的遊戲的話，再龐大的知識也會慢慢地被腦袋吸收進去，變成一位軍事宅（？）。簡單來說，除了專業知識以外，對其他有興趣、有內容的領域還可以侃侃而談的人一直以來是我很想變成的大人，立派的大人。

如果說有內涵是他們的第一個優點的話，那麼有大格局就會是第二個。大格局造就好脾氣、好視界，我們之所以很少吵架，因爲他們覺得爲了芝麻小事爭論不休沒意思。這類人傾向用理性腦解決出現在眼前的問題，而很少會感情用事；懂得換位思考、懂得感恩，同時也知道要力爭上游。張君曾經跟我說開始工作後要有當老闆的企圖心，這對一直以來沒有擔任過管理級職務的我有所激勵，也對這個人所擁有的氣度跟目標給予肯定、祝福。我相信這是一個成熟的大人該有的樣子，爲自己的選擇負責，爲自己的未來努力。大人有很多種，有成就、自己很欣賞的可以奉爲圭臬，往這條路上前進；而許多馬齒徒長、不務正業，沒有擔當的就不要去效法。簡言之，自己想成爲怎樣的大人由自己決定，人生只有一次，應該多聽聽自己內心的聲音，不隨波逐流。

扯遠了。剛進實驗室時，這兩位都很熱心地帶我熟悉整個環境，不僅讓我快速融入研究室的作息，在生活方面學長們也提供了很多建議，受益良多。對一個剛到日本的臺灣人來說，在留卡、保險、手機等一堆有的沒的繁複手續需要去辦理，張君給的建議跟齊君的分享，讓我在學期初很快就進入狀況，不會被這些小事給分心太久。而在吃的方面，他們也很熱衷於弄一些道地家常菜請大家吃，甚至還會跨海網購魔芋爽、螺獅粉等等的特色小吃，差不多一個學期訂一次，每次貨到時，大家都大包小包的分裝，好不開心。寫到這，又讓我懷念起那段時光了，在枯燥無奇的日子中，因爲有大家同甘共苦的幫忙而讓整個留學生涯相當豐富且精彩。所以還是那句老話，有你們才有我，眞的。

實驗室的夥伴們三天一小吵，五天一大吵。對於有機化研人員來說，最常起的紛爭莫過於公用器材的清理了。因爲敝實驗室是採用器材共有制，所有實驗會用到的器材跟儀器都必須和別人共用，可想而知，如果在教授很嚴厲、實驗進度很緊迫的情況下，爭吵隨時都有可能發生。舉凡用過的器材沒清理乾淨、儀器使用時間衝突，或是玻璃器皿不夠、溶劑用完沒有補充等等，都是大家可能吵架的原因。但眞的不會很久，自然又好了，緣分就是那麼奇妙。我認爲關鍵還是在個人修養跟情緒控管方面的問題。實驗室就像是個小型社會，可以從中看到大家處世的態度跟心智成熟的程度，好比是一個小型人性試驗場，大家都是裡頭的白老鼠。這一切我不確定教授有沒有看在眼裡，默默觀察；但我能確定的是，他從來不需要出面解決任何一次紛爭，因爲我們都私下解決（誤）。

張君在我碩二時買了台馬自達，這讓我們幾個小夥伴的上下學交通方式變得很不一樣。原本騎腳踏車從周船寺到學校的路程大概要二十分鐘，遇到下雨或下雪的天氣時，會改搭公車，搖搖晃晃抵達學校，還有，太熱時也會。總之，原本通勤的交通工具只有腳踏車跟公車，但在張君買車之後，我們就多了位司機。我們笑稱「張Taxi」，但其實內心相當感激。想搭張Taxi不容易，得前一天先預約，不然他也會遲到XD。所以每當天氣預報說隔天會下雨時，預定張Taxi的人數就會暴增。在我看來，他很寶貝他的車，雖然是二手，但從他會將車子牽去保養跟改裝就看得出他對車子的用心。他也曾經很自豪地帶我去跑周船寺車站後面的山丘，就像藤原拓海般飄移在蜿蜒的山道上。那天晚風特別舒暢，但他沒特別聊些什麼，我卻彷彿可以嗅到一絲絲孤獨的味道，落在車子輾過的軌跡上。我畢業後回到臺灣，工作了些許日子後，他又跟我說他買了另一輛車，興奮地拍照給我看，而我也很替他高興，因爲他懂得在工作之餘合理地犒賞自己，讓辛苦的工作是爲了更好的生活。曾經在旁邊協助他換輪胎，他覺得自己可以勝任這種一般人會直接請車行師傅幫忙的事情，這或許是他排解無聊的一種方式吧！又曾經有次在他買了車子不久後，在賣場跟別人撞到而起小口角，那兩周他不斷跟我講述事情的發展跟警察後續的處理，但很顯然警察沒有想要管這種小事，後來他也就作罷，自己摸摸鼻子送去給車廠修理，但看得出來他很愛護他的新車。

齊君喜歡自己在悠閒的時候做做料理，且常騎腳踏車去博多或天神玩。他的腳踏車速度特別快，二十公里的路程，他不到一小時就可以到了。因爲他是來念博班的，在碩班時有很多實驗上的經驗他都會不吝於給我指導；除此之外，他也很喜歡玩遊戲。經過他鄭重地推薦了幾款，在做實驗跟看文獻之餘，遊戲也成爲我日常的消遣之一，常常在無數留學的夜裡帶我翱翔在一個個奇妙又瘋狂的世界。剛開始住學校宿舍的我們，常常晚上一起走回宿舍，討論實驗進度或者分享一下赴日後的心情，那種沒有什麼包袱、沒有壓力的談話現在回想起來眞的是很美好。尤其是在夜晚的九大校園中，整個氛圍既美麗又不失理性。猶記得這齊君肚子常鬧疼，經常在早上九點半前用推特跟教授說他肚子疼，會晚點到；後來頻率太高，高到我們都習以爲常。中午吃完午飯也常跑廁所，我想應該是他吃太快的關係，當時有提醒他，只不過本性難移，要想改變別人眞的很難，尤其是壞習慣。整體來說，是個有想法，和平主義的大男生，那就祝他早日交到女朋友吧！

其實，因爲擁有這麼多夥伴陪伴著，讓我兩年半的碩班生活不會到太無聊。我們室裡沒有學長學弟制，沒有博碩士之分，大家在教授眼裡都是一樣的。我對這點感到很欣慰，因爲外頭很多地方會有嚴重的學長學弟制，這就大大地限縮人與人之間的互動跟關懷。如果學長姐人很好那沒話說，可以說是上輩子修來的福氣；但很多前輩會仗著自己的資歷跟經驗打壓後來的晚輩，相當不可取。不只是在學校，職場上也相當常見，尤其是臺灣的半導體業龍頭。但我只能說，這是相當愚蠢且自取其辱的行爲。在我們實驗室，大家要吃飯時會揪人，上下班會打招呼，教授接近休息室時會互相通報，活像高中生的生活一般，平凡卻又處處充滿驚喜。我永遠忘不了每天跟他們去逛「皎皎社」（學校的合作社）的光景；每天傍晚從理學府食堂走出，看著很多學生都已背著書包準備回家，而我們還在最後一點夕陽餘暉露面時，緩緩走回實驗室的毅力；即便是周六早上，無論是下雨天或豔陽高照，都還是到學校繼續實驗的精神；又或是平常離開實驗室後一起騎車去超市買特價便當犒賞自己的夜晚……。現在回想起來，當下著實辛苦，但也因爲如此，奠定了我厚實的專業實力。

畢業後，我們之中的人有兩個去半導體業，一個去化學產業，不管選擇哪個職業，都是很優秀的。也因爲有興趣，才能在自己的領域中發光發熱，堅守崗位，爲這個社會貢獻一份心力。曾經我們幾個在聊天，浦越君被問說，爲什麼縱使數據不夠完美，還是那麼拼命做實驗？他淡淡地說，只是想把事情做好，給自己一個好的交代。如此簡單卻又不失禮貌的回答讓站在一旁聽話的我感到由衷佩服，佩服這個年輕人內

在藏壽司歡送浦越君

心的風平浪靜，佩服他不跟人計較得失的成熟穩重。古人說，三人行，必有我師焉。這下可好了，八人行，讓我兩年半裡明白了許多道理，開拓了自己眼界。大家都有我值得效法的優點，在不去放大別人的缺點爲前提下，我們才能越發向上，成爲完人。每個人都會長大、變老，但有很多人只是馬齒徒長，並沒有從日常的歲月中提煉出生命的精華，讓自己越來越好；反而原地踏步，或者故步自封而不自知。從實驗室的小生態可以看到大社會的縮影，每個人都有自己的脾氣、志向，跟原則。若是執意想融入不同調調或不同格局的人的圈子中，只會迷失自己，找不到自我的定位。有人說，在烏鴉群裡天鵝都有罪。此話眞不假，說的很眞切。但非常慶幸的是，即便我們七個來自不同國家，說著不同語言，在當時的時空背景下還可以互相體諒、包容，自成一個善的圈子，我認爲這是相當難得的緣分。

在此，利用寫這本書的機會感謝這七個生命中的貴人，爲我這段重要的人生經歷上了色，也讓我在兩年半後變得更好。歡笑也好，淚水也罷，這是一段很美好的旅程，一部很唯美的鉅作。或許別人的無法體會，才能彰顯出這段日子的難能可貴，讚美上帝，感謝大家，我們有緣再會。

什麼時候才會輪到自己畢業

第6節　大家的共同回憶——皎皎社、Maxvalue賣場

說到我們幾個在這兩年的共同回憶，我想應該非「皎皎社」莫屬了。「皎皎社」是九大的合作社，裡頭有賣很多的食物、書籍，還有其他課業外服務如學生保險或郵寄等。平常在學校的一大樂趣就是逛「皎皎社」，時間固定是午飯後跟晚飯後。當然也不是每天都去。學校裡還有LAWSON、7-11等便利商店，大家其實每天去哪裡逛是很看心情的。為什麼會想介紹我們的福利社？最主要原因是我常在那裡買泡麵，而為什麼買泡麵在休息室裡吃則是因為要準備抄錄會（茶～）。我最喜歡他們的日清海鮮泡麵，雖然咖哩和味噌口味也試過，但還是鍾愛海鮮的清爽口感。每次為了準備抄錄會的資料，三十分鐘的泡麵時間是一個緩衝消遣，是個讓我充飽電後有力氣繼續趕工的良兵利器。

有一種廣為人知的豆乳系列飲料深受我們大家喜愛，有多種口味：麥芽、香蕉、黑芝麻等不勝其數。其中，元君很喜歡可可口味，這也是我開始嘗試這種飲料的契機。我從實驗室小白時期就看他每天桌上一定都會有一瓶，不是在喝就是喝完了。問

他爲什麼鍾愛這一味，他說其他都不行，只有這個勉強過他的標準。後來我也跟著買來喝喝看，就是很甜很濃稠的可可飲料，偶爾喝還好，喝多了可能對腎臟有很大的負擔。我反而較常喝的是類似綾鷹系列的綠茶，或者午後紅茶跟紅茶花傳系列，主要是綠茶方便在實驗以外的時間做提神用，而紅茶和奶茶則是放在租屋處假日享受。「皎皎社」常常也會販售一些小零食或冰棒，酷暑和嚴冬時的九大眞的會很需要這種療癒小點來撫慰心靈。

如果偶爾想吃「皎皎社」沒有賣的東西的話，我們就會在離開實驗室後到「Maxvalue」賣場去買。猶記得武漢肺炎剛爆發，因爲疫情擴散，有段時間不能到學校時，迷上「ほろよい」這款水果酒，瘋狂地收集各式各樣包裝的它，也算是當時排解無聊的樂趣之一（？）。前面我有提到各個賣場可以在晚上八點後買到特價的便當，壽司系列、大阪燒、牛丼或炒麵，不會油膩、十足的日本味在兩年半的時光中陪伴我度過無數對於研究者而言孤獨的夜晚，雖然不是大魚大肉，對我來說卻意義非凡。

在「Maxvalue」還有一個記憶。在卽將畢業，準備離開日本的前幾天，爲了感謝豐田小姐對我在申請獎學金上面的幫助，我在「Maxvalue」精心挑選了一盒巧克力，加上手寫的一張小卡片，在某一天的下午匆匆拿到三樓給她。原因是在拿給她的前兩天，因爲某件事情去找她而得知她即將要離開九大一陣子，當下就決定不能錯失對這位恩人的感謝，畢竟受以點滴，回以湧泉，這是我一向做人的原則。

其實「Maxvalue」的價格有些偏高，假日自己做飯的話會傾向去附近的另外兩家商場——「マルキョウ」或是「HalloDay」。如果說「Maxvalue」像家樂福，另外兩家就會比較像是全聯，尤其是食物跟家用品一應俱全。我自己有訂購一個小電鍋，假日時就會對自己好些，挑選鮭魚加雞胸，多補充些蛋白質。每次在「マルキョウ」結帳金額都會是兩千元以上，如果還有採買些日常用品那就會更高了。我很喜歡在自己料理的時候多吃些蔬菜。店內的甜椒相當新鮮且飽滿，許多青菜也有爲了上班族提供一人份的包裝，一餐基本上都是綽綽有餘。很多時候的假日裡，我不會是騎腳踏車去採買，而是走路慢慢地晃過去。周末午後的日本街道若是天氣好，心情會相當愉悅。尤其在我們那個鄉下地方，車流量也不多，幾乎沒有行人安全的問題，假日到賣場買東西實爲一個舒服的小旅行。

所以，「皎皎社」、「Maxvalue」幾乎變成我們實驗室每天的暗號，那是一個共同的記憶，是一個別人偷也偷不走，用錢也買不到的生活小樂趣。我認爲這不是所謂的小確幸，而是眞眞實實地對當地文化跟民情的一種深入體驗，這或許才是到外地留學或工作時，滋潤且豐富自己靈魂的最佳靈藥。

第7節　實驗記趣

在這節中我想跟大家聊聊我在念碩班時，在研究之路上遇到的大小事，雖然主觀但挺眞實的紀錄，是眞正發自內心的感受。內容會較偏向有機金屬化學的專業，可以簡單當作科普看，又或者當作一般研究人員的實驗紀錄簿觀賞。內容主要會著重在實驗室發生的種種，單純只是想給自己留個回憶，因爲那是用錢也買不到的寶貴經驗。在臺灣，少有人詳細地分享自己的碩班生活，畢竟現代人生活步調匆忙，尤其是在大城市裡頭，很容易被時間快速地往前推進，想要靜下來好好地回顧過去的自己可能都是一種奢侈。但，在我眼中，無論是枯燥無味的實驗循環，抑或是打打鬧鬧的同歡場景，都是值得我們在夜深人靜時佐一壺茶，好好靜下心來，用清脆筆墨或響亮敲擊來將生命之歌娓娓道出。所謂鑑往知來，不只是需要瞭解別人經歷過的風霜，更重要的是檢討自己過去無論成功或失敗的點滴，在匆匆流逝的時光中回味，以盼能夠在充滿未知的將來中活出更精采的自己。

1.實驗的再現性是許多人的惡夢

如果詢問成天待在實驗室的科研人員，有沒有什麼恐懼的事物，答案可能是實驗會用到的有毒物質；若是碩博士學生，也可能是何時能畢業的焦慮；但如果是我，這問題的答案絕對會是無法再現的實驗數據，它，總是能帶給我們極大的焦慮。搞研究的，尤其是需要大量數據佐證的題目，若是出現不好的數據，只要能清楚是什麼原因或理由造成，能夠解釋，並加以改善就可以過關；但若是某天突然出現一個天時地利人和都恰恰好的優秀數據，那可能要先望怯三步，擔心要多過高興了。原因是萬一沒辦法再現出同樣優秀的數據，那會是個令人焦急且難過的消息。之前有個合成步驟就是這種狀況，那是一個氧化反應，形成芳香環的簡單步驟。當時查到的的文獻寫說收率可以達百分之八十，且產物純度相當高；但當我實際照著步驟試做後，發現結果並不是如此順利。第一次試做時，因爲在TLC上有兩個點，很直覺地想說應該需要用管柱將其分離，但，柱子跑下去才發現，這兩個點靠得十分接近，無論用多少比例的正己烷加乙酸乙酯，抑或是加入少量比例的丙酮或甲醇，這兩個點始終難分難捨。硬要過短柱的話，純產物的收率就會降到百分之三十以下。重點來了，我們試了好幾次過柱純化產物的方法，第一次收率是百分之三十，但第二次再試做時，同樣的操作手法跟過濾步驟，打出來的核磁譜居然相當乾淨，且收率竟高達百分之八十！看到這個結果，教授很開心。整個合成步驟有五六步，若是在第三步產率就超低，怎麼進行接下來的反應。關於這結果，我也很驚訝，但接下來的發展讓我更是訝異到說不出話來。

第一次合成試做如同剛剛所述，得到高產率且相當乾淨的產物，但這是小量測試，當我再次試做，放大到克級試驗時，產率又掉回百分之三十，而且核磁譜是不乾淨的狀態。我本來整個很沮喪，因爲沒辦法解釋爲何同樣的手法出來結果卻差這麼多，心想一定會被罵得很慘。但教授看到結果卻只是笑笑，說這是很常見的現象，尤其在有機合成，完全沒有任何責備，這著實讓我三度驚訝。後來討論結果是我們決定不分離了，直接收集粗產物進行下一步合成。當然，我們有把在TLC上黏著我們產物的副產物過柱出來拿去檢測，但始終沒辦法知道它是什麼。這個謎團一直到我畢業後依然都是個未知數。

2. 教授獨有的こだわり

教授對實驗是要求甚多，不僅在大地方需要有邏輯，有好數據；在小地方也要鉅細靡遺，處處都需要用心。就以一個合成步驟來說好了，從反應的時間、條件、顏色變化等等，都需要詳細記錄，因為假使最後的產率或純度有問題，他一定會回頭檢查這些資料。反應途中如果是可以追蹤的，一定需要使用TLC每一小時定時追蹤，從上面讀取反應的過程變化。起初，我有好幾次在這方面沒有做得很好，他會非常生氣，甚至立刻叫我重做，他要馬上知道結果。尤其當反應物帶有酸鹼性，TLC必須先做預處理；或者遇到一些較為特殊手法需求的操作時，他會更加嚴格地把關我的操作。雖然說是小事，但其實就是這種基本功奠定日本強大的研發能力。很多人可能嘴上會說，這本來就是研究者需要做的事，但實際上有時因為一時犯懶或不經心而忽略了這些小地方，這很可能是許多新發現的關鍵，是藏在細節裡的魔鬼。

教授也相當重視我們有沒有從各種演講跟發表裡頭受益。在日本，常常會有大大小小的公開演講，因為留學那兩年時逢武漢肺炎的疫情，所有演講基本上都線上化。他會很希望我們去聽別人在實驗上的新發現，就算跟我們實驗室方向的關聯性不高。

每當有這機會，但我們忙於實驗而一時沒抽身去聽時，他就會在推特上說：你們為什麼來日本留學？我們就會一邊抱怨他趕我們的實驗進度，一邊乖乖到位子上坐好聽演講。看到別人可以有精彩的研發成果，當下也會激起自己的好勝心，希望我也可以跟他們一樣，在充滿未知的科研領域中有自己的一些全新發現。

很多時候，實驗結果不盡人意，但教授不會認為有什麼太大的問題。他覺得很多失敗的數據就是為了完美數據的誕生，因此他不會去責罵不好的數據；反之，他會在每一次的討論中提出新的想法要我們去嘗試。就算是用屁股都想得到的結果他也會想要實際驗證，確保研發的方向是正確的，確保我的人為操作是可信的。他會仔細比對每筆實驗數據，從中找出他覺得可行的下一步。而當有什麼小小的新發現時，他會展現出前所未有的開心表情，充分展現科研人員的求知精神。他每個禮拜一早上的課必定會穿著正裝，就算是後來都改為視訊上課。無形中代表著尊重自己的專業，也希望他所教授的內容對莘莘學子們的未來助益良多。

每個禮拜要跟他報告實驗進度時，總是在打開那扇辦公室的電動門後會聞到濃濃的咖啡香，他總是將小小的辦公空間充滿了濾掛式咖啡的經典風味。這個味道我聞了兩年半，總是給人一種謹慎且令人肅然起敬的感覺。我們實驗室的訂藥品工作也都是

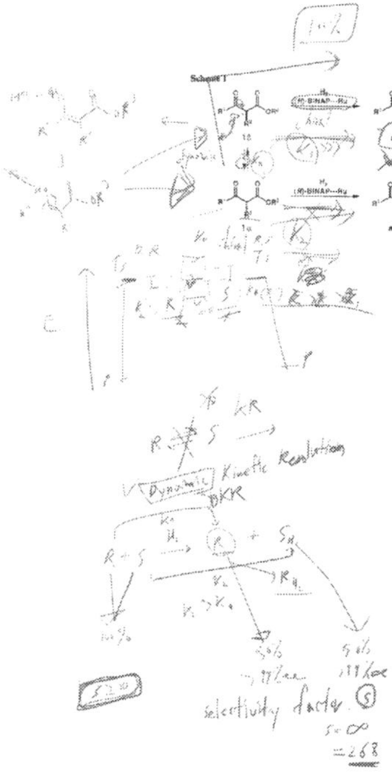

韓國學長熱情的筆跡

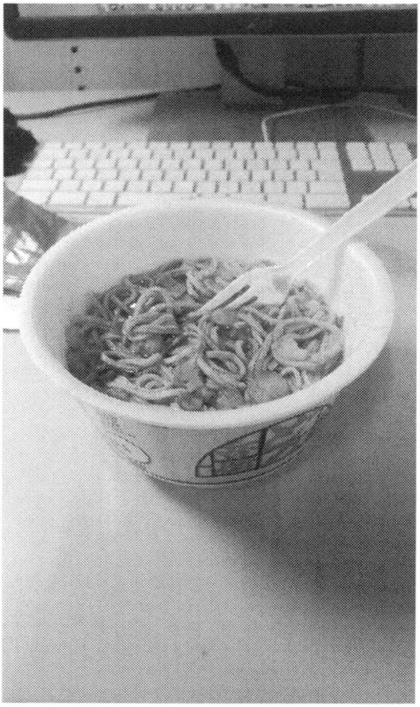

每次熬夜陪伴我的泡麵

教授自己承攬，與其說不信任我們，應該是說他每件事都希望親力親爲，做到最好。我們負責把實驗上需要的藥品在日本六大藥商的網站上，將價格先查好，交由他來決定要買哪一家的商品，一直都是這樣。他會有自己堅持要做的事情，就像是把他們變成了好的習慣一般，在漫長的歲月中成了一股前進的推動力，無論是辦公室的咖啡香，或是工作上對任何事物的堅持。

每週六的抄錄會也是。

他總是希望我們對每篇文獻都有深入的瞭解和認識，而他會在意他在意的點，像是相關的文獻回顧、數據的合理性，甚至是某種實驗手法。當我們無法回答他每個鋒利的問題時，就會被要求當下要查清楚，並給他個滿意的答案。若在文獻中有答案或網路上可查得到相關資料，那還沒問題；但若是文獻中針對他的問題沒有太多著墨的話，我們就得花時間了。有時花上一天，甚至寄郵件去詢問作者都是常發生的，這種訓練也造就我對於閱讀文獻所需要的敏銳度跟批判能力的養成，著實不容易但受益無窮。

3.鋰試劑的可怕

若在路上隨意詢問非化學相關科系出身的人，有機會進實驗室的話，最害怕哪種藥品？我想大部分應該都會回答硫酸、鹽酸或氫氧化鈉等強酸鹼類；有點涉略的或許會回答鈉金屬或者氯化鋁等容易跟水或空氣產生激烈反應進而爆炸的藥品。但我的答案絕非上述兩種，而是一滴在空氣中都會燃燒的鋰試劑。

一般毒性物質通常會被鎖在實驗室的特別櫃子中，非不得已要使用時，只要在抽氣櫃內取用，帶好防護用具，基本上也不會有太大的問題。但鋰試劑不同。我在合成手性的Taniaphos配體時，實驗室內並沒有足夠妥當的器具可以讓我安全地使用鋰試劑。當時的我不能用較安全的微量注射器，因爲擔心注射器本身被腐蝕，只能用一次性針筒，但針的長度不夠長，接下來發生的事就讓當時初生之犢的我嚇得一身冷汗盡出。當時我需要取大約四毫升的叔丁基鋰試劑，理論上應該先取一段氮氣作水氧阻隔後，取所需要份量的試劑，再抽一段氮氣進行保護。但當時的針實在太短且沒有螺紋卡緊針筒，在完成上述程序後，即將要把液體打入反應槽前，數滴的鋰試劑從針尖的部分就像溜滑梯般順勢滑下，頓時啪滋作響，火光伴隨著黑煙在橡膠塞上引燃，整個塞子像個火炬般在數秒內被燒得焦黑。在引燃的瞬間，我將針筒留在橡膠塞上，並馬上將抽氣櫃的門拉下阻隔火焰的繼續燃燒。我的背後在這數秒內嚇出一身冷汗，就算是防護配備穿戴齊全的自己，也是在當下有這麼幾秒感覺到無比的恐懼。雖然說就是小小的著火，但對當下的我來說，是最大的一次警告。

後來也陸陸續續需要再用到幾次，每次都會請經驗較豐富的齊學長幫我在旁邊看著，以防一有不對趕緊有最直接的救護。所幸，更加注意之後，再也沒有任何意外發生了。平常放在冷凍室的藥品其實都挺有危險性的，除了鋰試劑、某些鹵素試劑、「DIBAL」等還原劑，都是一不小心很可能就出意外的藥品。在二零零八年的

「UCLA」（加州大學洛杉磯分校）就發生一起鋰試劑奪命的意外。年僅23歲的研究助理「Sangji」在取用大量的叔丁基鋰時，活塞滑出了針筒，且當時的他沒有配戴完全的防護用具，點燃的大量鋰試劑造成他身上百分之四十以上的二度和三度灼傷，送醫後也回天乏術。這起嚴重的實驗意外震驚了全世界，也引起大家對這危險物質使用的高度警戒。

工安在有機實驗室裡特別被重視，九大雖然有相關課程跟提醒，但總感覺宣導的部分沒有被落實地很徹底，只能由各個實驗室自行管理。關於這部分，我倒覺得當我回到臺灣後，待的工作場所還比較注重這一塊，至少安全提醒的頻率高到我會隨時注意。但九大的實驗室規格較統一，無論是走廊還是室內，都是耐震和耐火的材質，也可以說是他們早就注意到，將基本的安全係數拉到最高了，剩下的就是人爲自己操作的問題。看著那塊燒得焦黑的橡膠塞，我才猛然驚醒，實驗這種事情，不是只有數據跟報告，還有風險。松村君也曾經在另外一個抽風櫃中燒掉一隻回流管，而那一次更危險，因爲下方是一盆滿滿的油浴鍋，所幸當時大家都不在場，被元君發現後即刻救援，大家這才鬆了一口氣。所以說，想吃這行飯的人，真的隨時要像瘋狂科學家被爆炸波及而炸開頭髮的卡通圖一般地搏命演出。

4. 實驗是一門藝術

這是我在碩班時才有所體會的感覺。實驗是一門藝術，從實驗流程構想開始、器材架設、反應追蹤，到反應完後的鑑定跟分析，是一門很漂亮的藝術課。爲什麼這麼說呢？在每個反應要開始前，我們都必須做好整個流程的規劃，包括下料的多寡跟方法、需要用到哪些器材、如何做好反應時間內的追蹤，到最後的純化跟分析。一個反應通常會有很多的眉角藏在裡頭，而做爲一名研究者，這些考量都是最基本且至關重要的必經過程。

舉個例子來說，文獻提到某個反應是在常溫下攪拌兩小時便可完成，但實際上眞的是這麼簡單嗎？首先，作者是在哪裡且何時進行實驗決定了反應的「常溫」。假設是北歐國家的文獻，那他們所謂的常溫可能就是我們這裡的十度以下，甚至需要冰浴；若文獻是出自在中國某些低緯度的省份，或許我們想要再現同個實驗，就必須加熱，超過反應的活化能才有可能得到相同的結果。下反應絕不是傻傻地按照文獻字面上所述，放任反應在常溫下攪拌個三天三夜，然後跟上面報告說反應沒有進行，那是很沒有sense的做法。就如同work smart before work hard，我們這行是相當看重這段字句的。又好比說，當需要將溶液旋蒸出來但瓶裡含有酸性物質時，爲了避免讓酸腐蝕旋蒸儀，可能就要在旋蒸儀的兩端接上冷井，將多餘的酸給捕捉，以確保儀器的正常使用；這就跟在非勻相體系中製作觸媒一樣，在含浸步驟完成後需要個潤洗動作，藉此去除有影響疑慮的殘留物。

反應器材的架設也是一項很吃經驗的藝術項目。反應瓶要多大？攪拌子要哪一種？如何控溫？如何做到無水無氧環境？若要同時進行滴下、回流，跟攪拌該如何架設器材？回流操作也必須要捫心自問，溫度該設定多少？冷卻水要開多大？無水無氧環境的建立更是說不完，甚至坊間有很多是在講這方面的專業，因爲對於很多的前瞻研究，嚴苛的實驗條件是必要的。實驗規模越小越是需要在意反應環境的嚴格程度，也越是考驗操作者的經驗跟技術。搞有機的，很常有機會使用到管柱層析，想純化我面前的初產物，我需要的柱子是哪種尺寸？哪種填充物適合分離我的粗產物？大約需要多少的溶劑才夠？我需要配多少比例的TLC沖提液？在TLC上，哪個點是我的目標產物？TLC拖尾了，我該怎麼做？在UV下看不到點，有哪些顯色法可以滿足我的需求？副產物可能是什麼？有辦法避免嗎？

從上面簡單舉些例子便可以看到，就算是過柱子也是個相當有學問的專題，而這都還只是鳳毛麟角罷了。這些問題，每天都在上演，每天都要問自己個上百遍，因爲科研的路上充滿著未知，我相信每間實驗室都是這樣，只是隨著領域、器材等的不同而問題不同。但本質上，都是在探究科學，到處都是學問。而對於在這領域內奮鬥的人們來說，大大小小的新發現都可以讓人爲之振奮，這也是爲什麼每年的諾貝爾獎都這麼被人們重視，因爲那都是代表人類對於大自然的瞭解進行再一次的插旗，再一次的宣告，無形中被賦予了強大的意義跟使命感。

在最後一個大篇章中，我會介紹一些我在九州旅行時的景點跟發現。平常雖然忙碌，但日本的連假著實也不少，我只要有空就會在連假時安排到九州各地走走，呼吸一些新鮮空氣，順便感受一下日本的本土風情。來日前總是對陌生的土地有些無邊的想像，但套句梗語，理想總是豐滿，現實總是骨感，大部分的時間也只是在實驗室裡忙碌，日復一日，都快忘記如何玩耍了。雖然說出去玩，但這兩年間我最多也只是在九州旅行，並沒有到其他日本土地上，一方面是因爲本人還是比較懶，刻意搭飛機到關東或沖繩這種事我還是免了；另一方面也是因爲剛好這些年疫情肆虐，因此也不想太常到擁擠的城市去湊熱鬧。這也是我第一次撰寫屬於個人的遊記，雖然可能無法像專業的旅遊作家一樣寫得天花亂墜、引人入勝，但個人只是想將這些小小的、親身的經驗用最樸實的文字記錄下來。或許這在他人眼中不是那麼顯得有價值，但只要能讓我喜愛的人跟愛我的人可以分享到我的喜悅，這一切就非常值得了。另外，這部分基本上都是憑藉著照片來回想當時發生過的點點滴滴。在寫這部分時，有些體驗已經距離當時有兩年之久了，所以記憶可能會有些模糊，但我還是會盡最大的努力用文字留下當時的所見所聞所感。沒有特別原因，只不過在我內心深處，這些記憶是特別的，是貴重的，而透過文字，我可以反覆且悠悠地徜徉其中，僅此而已。

第四章

忙裡偷閒：一個人的九州行

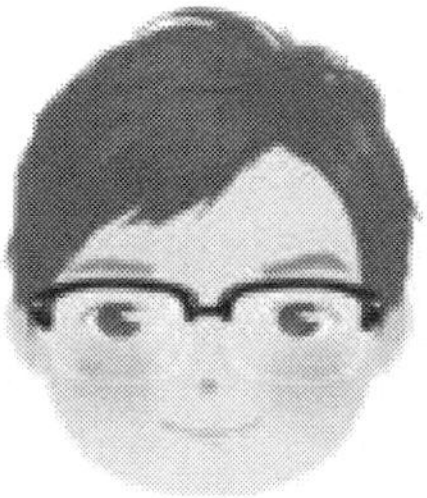

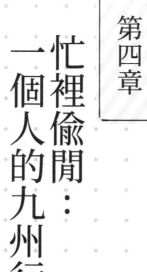

第1節　旅行的意義——我內心的啟蒙運動

在本章節的開頭，首先，我想先說說我對旅行意義的看法的轉變。這就必須提到以前的我跟現在的我的差別了。

以前的我可能因爲從小家庭的教育較保守且一味只知道要努力讀書，但並沒有個明確目標，讓自己去汲汲營營地追尋。跟很多臺灣小孩相同，大學前只知道念書，而除了念書跟考試，其他啥都不會。不會聊天、不會做很酷的事情、不懂得怎麼愛人，甚至連善待自己，好好生活都有困難。因爲我以前的想法總是很悲觀，在學校跟同儕的分數斤斤計較久了，氣度自然也狹小了，眼界也就有所侷限，看不到這世界的廣大。也因此當時我內心的世界對外可以說是築起了一道高高的圍牆，只開了個小孔，嚴密地審查要過境的每位旅客，一發現不對自己的味，或頻率不同調的事物，便閉門不給通過，也因此有了些奇奇怪怪，自己給自己設下的屏障遮住眼簾而不自知。說來可畏，這個現象沒有因爲高中時期到英國遊學、大學時期到中國自助旅行而有所改善。直到我當替代役的那年。

我是民國八十二年出生的，照理說，應該要服一年的義務役。大學畢業後，我毅然決定直接先服役再作後續人生的打算，但有個小插曲就是我麻咪替我去抽中了替代役的籤，而後來也幸運地被抽到教育役的缺。我認爲，這件事對我影響很大，可以說是我人生中數一數二重要的轉捩點。所以我想要在這本書的這個章節中簡單地提及我人生的這段經歷，可以說是單純回首另一段過去；也可以說是心中一直有無比的感謝需要地方讓我告白。在離開擔任教育役的牡丹國小後，經過無數次的徹夜難眠，我意識到一些無比重要的事情。因此我認爲我有必要將這份來不及說的感謝之情走筆於此，除了感謝還是感謝，致當初不懂事的自己。

服役期間看到各式各樣的人，更重要的是，在擔任替代役的那一年裡，有很多的領悟是在退役後才猶如醍醐灌頂地開竅。比方說以前的自己其實很要強，且因爲常常認爲有話直說是一種值得鼓勵的表現，而無形中不小心傷害到身旁的人。但在國小服役的時候，從職場上大家對自己的包容，無論是曾經犯過的文書錯誤；或者是有時候沒睡好惹來的脾氣遷怒，都沒有被刻意放大，而是被無形的包容與體諒給擁抱。而當時的我，卻無知到認爲這些都是應得的，直到退役幾年後，猛然回頭，驚覺原來自己還稜稜角角，沒有用更廣闊的胸懷去接納跟欣賞身邊的事物。尤其後來遇到我現在的女友，處處替人著想的她更是讓我再三反思自己，抹去尖刺，收起嚴肅，開始試著用不同的角度看待人生旅途上擦肩而過的每個人、表面看似吃虧實則使自己受益良多的每件事，人生的寬度就此不同。

而這個小小的轉變，也體現在我對「旅行」這件事情的看法上。以前的我很堅毅地認為若不是到其他國家去做深入交流、或長時間的遊學、留學的話，單純去吃喝玩樂幾天是沒有意義的。因為這種事情錢砸下去就可以得到，對不是以旅遊當作放鬆身心為目的的人來說，在現在這種網路資訊發達的時代，秀才不出門也能知天下事，沒有必要。這種想法其實跟著我二十幾年後，我才發現我錯了。縱使現代網路很發達，什麼地理跟歷史資訊都可以在網路上找到，可是這跟實際去踩點，親身去體驗當地風情依然是雲泥之差。當然，也不是說一定要每年都花大錢，輪流到各個國家去玩才叫做增廣見聞、拓展視野。但，若是在自己有節制的限度內，好好安排趟豐富的行程，比起只是透過屏幕或者書上的文字來說，一定會讓人更加印象深刻。所以我也終於了解為什麼很多人會執意打卡諸多景點或者收集自己在各個國家中的足跡、剪影。旅行有種魔力，尤其是到了一個對於自己算是神祕的國度時，會有一種身心靈昇華的感覺。當然，一切要建立在合理的經濟條件跟成熟的思想上。再者，跟誰一起去旅行也是個重點，只要彼此有相當的體力、興趣或默契，相處輕鬆融洽，即便再無聊、再隨性的行程，都會是令人相當滿足、收穫滿滿的一次好經驗。

後來，不可否認地，在日本留學時的幾趟旅行對我來說意義都很重大。這幾次不僅是跳脫平常實驗室的煩悶研究，也加深了我對九州這塊土地的認同感，是一本本有內容的課外書，也是一張張永存心裡的幻燈片。之所以這幾次旅行對自己來說非常重要，還有一個原因。我們實驗室的夥伴從周一到周六都生活在一塊，到了連假時，都會很有默契地不打擾彼此的長途旅行。因此，每次的旅行都是自己跟自己的長時對話。這其實很重要，實驗室生態就像是個小型社會，如同一個既定規則的公司，平常都是在半情願下被綑綁著；而當我們好不容易有個機會出去透透氣時，大家非常有默契地給彼此保留了一些忙裡偷閒的時光。有了這些穿插在忙碌之間的透氣感，才會覺得這兩年的付出著實值得。

旅行，很重要的一點，我認爲是跟當地人的互動。相對臺灣來說，日本很大，就算只是在九州島上，北部跟南部的居民、景色，還有風情，可以說是迥然各異。透過跟當地人談天，學習尊重跟理解各地的差異，彼此開拓眼界、增長見識，我認爲是一舉兩得。自己常有種感覺，縱使現實很殘酷，世界還是很美麗的。而這美麗的佳人其實隨時都恭候我們的拜訪，只是我們很多時候還沒有準備好罷了。現代人旅行愛好打卡著名景點，發朋友圈，但我出門不怎做這些事。有朋友說我活像一位古人，沒有現代人看熱鬧的激情；我總是笑笑，畢竟如人飲水，冷暖自知。在能滿足自己往外走的慾望，富足心靈的前提下，讓別人知道你去了哪裡、吃了什麼、或玩了些什麼，也就沒有那麼必要了。體驗終究是自己的，別人搶不走，所以不用太在意他人的看法或評語。工作就好好工作，玩就好好地玩，這也才能確實享受當下的每一刻。

好了，講了那麼多，終於是要進入正題了。我再次強調，我不是位旅遊作家，將這一份份的感動記錄下來也只是份單純想送給自己的禮物。紀念曾經走過那些地方的自己，期待自己可以在不忘記這些熠熠時分的感動基礎下，繼續當一個有用的人，在這個社會上打拼。當多年後，有一日驀然回首，我希望跟那時的我說：謝謝你，謝謝你記錄了我這人生中重要的兩年，敬所有我愛之人。

第2節　筑肥線上記趣，近水樓台之美

所謂的美景一定要到很遠的地方；或人氣很高的地方；甚至是花大把鈔票，紙醉金迷的過程才算數嗎？對我來說，絕對不是。我家附近就很美了。在寫其他九州城市的遊歷之前，我想先將初心奉上，敬陪伴我兩年的家，那就是福岡學生都笑稱宇宙中心的周船寺。如同前面介紹過的，周船寺，你可以說它是一個清幽小鎮，也可以說它是一處偏僻鄉下。無論外人怎麼說，它就是它。這小鎮有著相當便利的生活機能，半夜走在路上也不用害怕的優良治安，這可能都要歸功於附近沒有KTV、酒吧等喧嘩場所所賜，整個鎮上給人一種漫漫步調的感覺。大晴天有著大晴天的熱情；雨天時有股迷濛氛圍；而下雪時也是毫不留情地將大地整個染白。就彷彿這個小鎮有個小孩的靈魂，時而開懷大笑，時而痛哭流涕，但還算守規矩，除了好幾次待我走出門僅幾步就開始滴答雨下讓人有點不滿意之外。

我家附近有家郵局，起初讓我有些意外的是，在郵局裡頭工作的大部分都是年輕族群，反而在臺灣較多都是壯年以後的年紀。每次我長途旅行回來，都會將一些伴手

禮用腳踏車的菜籃一箱箱地裝，從這郵局寄回臺灣。當年從日本寄國際包裹的話，需要自己上網填寫一張詳細的明細表，連同寄送物品的價格、數量跟重量，都要寫得確確實實。尤其是那兩年疫情爆發，包裹的審查就越發嚴格，幸好是沒有造成什麼太大的麻煩就是。有一次，負責我包裹的小姐姐忘記跟我收寄件的某個額外款項，因為我手機沒有通話功能，她特地寫信告知我。等到我去櫃檯找同一位人員繳費時，她還刻意送我一條郵局的毛巾，頻頻跟我道謝，還說刻意讓我再跑一趟很不好意思，那時的她，笑容化成眼尾的弧度，至今仍猶記在心。

住家附近有家名為「加里布」的牛排館，就在距離我家走路幾分鐘就可以到的地方。雖然牛排煎得不錯吃，套餐的開胃菜跟麵包也想當有份量，紅酒也是挺讚；但位子稍嫌有些狹小，若是想吃個氣氛的話可以嘗試，且價位不便宜。所以學生身分的我想吃牛排的話，會往反方向走遠一些，有家「joyfull」，是間平價牛排店。偏西式風格的這家店位子就寬敞許多，飲料在自助吧台都是無限暢飲。因為他的位子多且食物好吃，每到假日這裡總是一位難求。我最常點的是骰子牛搭配抹茶芋圓的冰淇淋點心，其餘的餐點也有試過，不過個人覺得性價比沒有比較高。自己來這家店的頻率算是相當高，每個月幾乎都會來個一兩次，在我心中，是住家周邊美食的前幾名。

每周六的抄錄會結束後，有一陣子很高頻率地會到一家位在「マルキョウ」對面的傳統日式烏龍麵店「牧のうどん」吃飯。這家店小小的，專賣口感滑嫩的日式烏龍麵，在福岡分店很多，相當好吃。每個座位上都備有足量的蔥花跟唐辛粉提供客人搭配正餐調味，且除了麵食之外，還有飯糰、炸物等可供選擇。師傅會直接在你面前烹煮麵條，且整個工作團隊吆喝聲此起彼落，宛如一隻非常有氣勢跟默契的橄欖球隊，讓人到這裡享受美食的同時，心情是既放鬆又有充電的感覺。價位其實是相當便宜，我常常吃到很飽也只有日幣七百多元，那時是一比五的匯率，相當於不到一百五十元的台幣，非常划算。那象徵傳統日本職人精神的白色工作服在眼前忙碌穿梭的景色至今仍歷歷在目。

我家附近很多吃的小店其實走路就可以抵達。所以雖然有時候我會騎車，但感覺來了的話，我就會散步過去，感受一下自由的風和陽光。有家炸豬排店名叫「松屋」，在臺灣似乎也有分店。但我上網查了一下，兩邊的松屋賣的主打好像很不相同。日本店主打豬排跟炸蝦定時，且對於豬的部位也都有所區分，份量可以選擇超級多或普通；但臺灣的店似乎是主攻蓋飯跟燒肉定時，兩者有差。這部分可能讓兩邊都吃過的讀者來分享會更清楚，畢竟我沒吃過臺灣的分店。不過乍看之下，似乎兩邊因應不同的客群口味，料理發展的方向因此而分道揚鑣。整體而言算是還可以的炸豬排定時，白飯跟味噌湯也可以無限續加，但就營養層面來說，蔬菜太少，唯一選擇只有高麗菜絲，雖然日本很多地方也都只有高麗菜絲（想吃別的自己煮比較快！）。所以我不常去吃，不少的炸物下肚會讓身體多了好幾分的負擔。

有家很棒的日式燒肉店一定要推薦給讀者，順便讓自己藉由文字回味一下，那就是位於跟周船寺比鄰的系島市上的「清香園」。這家店高居我個人評價第一名，我去吃飯的頻率雖然不是所有餐廳裡最高的，但卻是讓我每次吃飯都最放鬆，且最飽肚的。要去這家店，從我家出發就得騎腳踏車了，也不遠，十來分鐘就可以到。它結合了日式燒肉跟韓式佳餚，而且各項料理味道都恰到好處。個人鍾愛燒肉定時加上牛尾湯的組合，尤其是冬天，熱騰騰且鮮美的牛尾湯一下肚，整個人都好了；偶爾再來個抹茶甜點，無疑是幸福的滋味。因爲來這家店的時間點幾乎都是周日的中午，且它只開到下午兩點，因此每次打算要來吃的話，都要設個鬧鐘，早早出發。不然周日中午的大門口總是擠滿了人，料理有時也會出得較慢，不過這對一位忠實的老饕而言都不是問題。會遇見這間店的契機是松村君送我的優待券，起初還覺得可能就是一家收費較貴，但吃不飽的燒烤餐廳，但後來才發現自己錯了。等回過神來，自己已經深深地愛上這家店的料理、服務跟令人放鬆的環境了，這也可能是我回國後健檢爲何膽固醇會飆高的原因（笑）。

你會說這章怎麼到現在都在講吃的，也給我講點風景或者逛街樂趣啊！但很抱歉，周船寺附近眞的是鄉下地區，能逛的只有各式賣場跟一獨棟的UNIQLO，眞想逛街只能進城。但，這附近確實也有能讓人放鬆，休憩一下午的地方。在周船寺往後方学研都市車站方向的路途中有一座「湯溜池」，在午後陽光的照耀下，波光粼粼的湖面楚楚動人。聽說每年八月十七日會在這裡施放煙花，但兩年間，我從來沒看過。我常常在假日的午後騎車經過這座湖，很美，像極了一位亭亭玉立的少女，雙眸中的淚珠閃爍，她在述說著一段歷史攸久的故事。不過後來我聽說這座湖可能會被填平造陸，準備蓋學校，也不知道這消息是眞是假。至少它完好地陪伴我兩年，直到要返國前，心中還是有些不捨。

另外，在前原西的地方也坐落著一座優美的小池，名叫「丸田池」。這座池子前方有很大的一個廣場，假日時常有家長帶小孩來這裡玩耍，甚至在旁邊還設置了一座籃球架，奔跑在這廣場上的孩子們的笑聲不絕於耳。我個人常在假日的午後來這裡放鬆，在廣場面對池子的方位上設有幾張長椅，在這裡度過愜意的午後時光是個很不錯的選擇。

而更多時候，其實我會去筑前前原一家名爲「BOOKOFFPLUS」的二手書專賣店逛逛。還記得有好幾次整個下午都泡在這裡，因爲常常有促銷活動，選了好幾本書但不需要多少錢，相當划算。它也有賣些動漫相關的商品，不過我很少在這裡買就是了，畢竟都是二手而且價位還是有點高的。筑前前原跟周船寺、系島很類似，是個很安靜的住宅區，沒有大城市的喧囂，但也機能齊全，大概就類似我們的高雄鳥松。若是考慮到退休後的養老計畫，應該會很中意這種地方。

場景拉回來周船寺。在我家後面幾步之遙的賣場前有家「CoCo壱番屋」，很不好意思，但我是常客哈哈哈。不得不說，我原本是一個不怎麼吃咖哩的人，但這家店的咖哩眞的很對我的胃。寫到這裡，我突然發現我是一個吃飯還滿講究氣氛的人。其實店裡不需要有過度的裝潢，但對我來說，只要安靜、寬敞，有一定亮度的照明，再搭配美味的餐點，就算是這種連鎖咖哩屋，我也樂此不彼。店裡除了會隨著季節改變餐點的口味、價格很親民之外，還時不時搭配些許的合作活動贈送小禮物。這家店應該是我家附近被我光顧頻率最高的一家了，因爲沒嘗過臺灣的口味，也是歡迎兩邊都吃過的讀者可以無私分享。

第3節　福岡塔散策，大濠環湖夢

就像《我們這一家》每一集的題材一樣，或許有人認爲住家附近的餐廳不會有多好吃，景點不會有多好玩；但是，所謂生活，就是細水長流，沒有天天都在過年，人人大部分的時間還是要在很平凡無奇的生活環境中去細細品嘗身邊的小美好。若你有機會在周船寺附近兜兜轉轉，你會發現這個安靜的小鎮有一股潛在的靜謐謙恭，不需要用博人眼球的熱鬧或吆喝來正名自己，它是內斂、成熟的。這股成熟也在這兩年間帶給我十足的安全感，讓我可以安穩地生活、完成學業。

若從周船寺車站出發，搭乘筑肥線的電車往東走，可以遇見很棒的新朋友，而這些新朋友我每年都有去拜訪過兩次以上。西新站，一個不論平日或假日都沒有太多人潮的車站。在離車站大約二十分鐘路程的海邊躺著一位美女名爲「海浜公園」，而在美女的面前矗立著一座高度約234公尺的高塔，在全日本中僅次於「天空樹」跟「東京塔」的「福岡塔」（福岡タワ-）。我依稀記得我第一次到塔上一覽風景是在赴日後的隔年八月連假，也就是日本盂蘭盆節的時候。當時，我到了塔的最上端，但都不太敢往下觀望，除了本身就有懼高症之外，因爲塔上觀覽的人數過多，讓我不由得有些害怕。但就算如此，當在塔上將福岡市的壯闊美景映入眼簾時，還是驚嘆連連，眞的很美。那次我是中午過去，發現官方在福岡塔靠近海洋的那一側設立了一個濱海廣場，廣場上有露天的西式餐廳，我記得我點了個大漢堡，吃撐了後就躺在海邊的沙灘上曬日光浴。當時的風大，我打給女友後，必須要用喊的對方才聽得到，想想眞的是個很愜意的下午。我喜歡大自然，尤其是海邊。以前還在南部讀書時常常往西子灣跑，躺在西子灣的沙灘上，什麼也不去想，就這樣和風跟海浪聲合爲一體，這樣的舒服小確幸讓我一度以爲我上輩子應該是隻海龜，而且是隻自由的海龜。縱使第一次上塔讓我有些害怕，但後來的第二次我就直接在上面的餐廳吃飯了。若跟其他高塔或世界頂峰相比確實沒什麼，但我知道，我戰勝了心中的恐懼。我還記得第二次上塔的我點了一盤炒飯，腳底透明玻璃的下方足足有快八十層樓高，那天，那盤炒飯，特別好吃。

電車再往東繼續坐過一站，我們來到了「大濠公園」（おおほりこうえん）。在我心中，這座大濠湖雖然面積不大，卻有著僅次於杭州西湖的壯闊之美。從捷運站下車後，步行兩分鐘左右就可以抵達公園入口。我去過好幾次，每次幾乎都是假日到訪，湖邊的人潮總是絡繹不絕，但卻不會有絲毫吵雜聲，整座公園總是安靜地坐落在那，守護著福岡人。查了一下資料，當初這座公園的設計其實是有參考杭州西湖的構造，實現「湖中有島，以橋連島」的人工造景。圍繞著繽紛湖畔周圍的人行道，這位主角總是在午後被金黃的落日給撒個滿身淋漓，而漫步在上面的自己，屢屢被眼前這再平凡不過，卻美到令人窒息的天然油畫給感動，身心也因此大受解放。沿著湖的外緣走，一步兩步三步，每一步的抬頭都讓人有種望穿秋水的極佳視野；走上橋，到了湖中央，即便島上有些小黑蚊過來騷擾，也會讓人有種尚未滿足的心情，想要馬上到對岸，重頭再走一遍。大濠，有它的魅力，有一股讓我久久無法忘懷的誘惑吸引力。

筑肥線上其實還有些很值得著墨的地點，讓我來跟大家簡單分享一下。

首先，在周船寺往右的路線上，下一站便是「九大学研都市」車站。這一站其實很厲害，它集合了很多元素於一身，成爲附近居民生活的一個重心。除了郵局、銀行、甚至後來接種疫苗的區公所，大型購物商場「AEON」跟「ベスト電器」等，附近還有許多學校，好不熱鬧，所以偶爾來這裡放風是一個不錯的選擇。另外，這裡也有很多居酒屋跟燒烤店，之前慶祝松村君入學的歡迎會就是在附近的一家酒館舉行，他那天還喝到爛醉，把自己反鎖在廁所裡，在馬桶上坐了半小時才出來，把我們都嚇壞了。赴日後半年找房子也是在這車站的某U找的，裡頭的松村小姐是眞的可愛，但中國人的夏村先生是眞的不太行。

「九大学研都市」站的下一站就是「今宿」了。它是個靠海的小鄉鎮，不僅午後的陽光溫暖，且夜晚在海風的吹拂下也是舒適宜人。有時候，我們會坐著張君的車，在「長垂海濱公園」的周圍跑圈，好多畫面，頓時湧現出來。我不是個很擅長跟人交流的人，但眞的只能說，在對的時間點遇到對的人是一件多麼幸福的事情。每次兜風都會路過旁邊名叫「今津灣」的海灣，但有些可惜的是，我從來沒有認眞地欣賞過它的美，導致現在回想起來才會出現一種「奇怪，我當時怎麼不會想來這裡晃晃？」的心情，不過或許跟我在日本沒有開車也有些關聯吧！今宿跟周船寺之間有個山頭，還記得它九彎十八拐的特點在假日夜晚都會吸引很多跑山好手在那裡競速。那座山乾淨、沒有什麼人煙跟垃圾。有一次週六待抄錄會結束後，跟著張君心血來潮地去跑山，後視鏡裡的世界，是滿載思念家鄉跟沉重課業壓力的交錯情緒。整個情緒很透明，繁星高掛的山頭彷彿也讀得懂我們的思緒，刷刷刷地將風兒一遍又一遍掠過我們越來越成熟的臉龐，低聲呢喃著長大的咒語。

再往右邊的路線瞧的話，還有個「赤坂」站，也是福岡留學生常去的點，因爲那附近有個「福岡出入國在留管理局」，是福岡留學生每次更新或換發在留卡的辦事處。我依稀記得，在日本兩年半的期間，我去過那地方不下三次。不是因爲搬家更新住址，就是爲了延長在留卡期限而跑了那裡幾次。重點不是到這地方幾次，重點是每次來到這裡，會有種被准許放特休的感覺。通常只要知會一下，教授也會睜一隻眼閉一隻眼，上午辦完事，下午就會去別的地方繞繞，以排解日常的煩悶。日本的街道其實都很相像，雖然坐車過了這麼多站，但是這種小鄉鎮的風景其實沒有變化太多。每次在平常日「不得不」出來透透氣時，看著上班的人們熙來攘往的樣子，自己又會有動力回去趕工了。寫到這，我又想到一點：日本的街道不會像臺灣某些地方一樣，車子多到沒有給行人走的路；反之，只要是行人會經過的路段，一定都是有微微隆起的分隔線或分隔島將車子和行人隔開，以保障用路人的安全。這種貼心的設計，相較於臺灣，眞的讓人不禁懷疑某些縣市的都市規劃是否有在進步，尤其是在天天車禍頻傳的當今臺灣。

第4節　天神城裡轉，博多相見歡

說到九州最知名的城市莫過於人口最多的福岡，而在福岡市中最熱鬧、最繁華的兩個區，便是赫赫有名的「天神」跟「博多」了。個人的觀感是比起天神，海外的人們對於博多這個名詞應該比較熟悉，因爲從小就有「博多拉麵」這種耳濡目染的名詞充斥在生活周遭。但若要論及熱鬧程度、假日的人潮，天神可是一點也不會輸。爲什麼呢？如果您心中有此疑問，不妨GOOGLE一下天神區，可以發現很多且大部分部落客都在介紹吃喝玩樂跟購物，它也確實是個福岡最大的購物天堂，彷彿全福岡最奢侈、最華麗的商品都盡列眼前，但若只是看到這些，可惜了。那你可能會說：那你又看到什麼？我可以跟你說，我，也是看到這些。哈哈哈不好意思，可能我逛街也沒有什麼深度。因爲確實偶爾的放風不會去注意太多細節，只喜歡混在熙攘的人群中，被街道上的吵雜聲跟耳邊鼓譟的風聲帶著走，享受著這繁華城市帶給我特別的感官體驗。

我愛珍奶，珍奶愛我。飲料的衆多候選人之中，一直位居我心中第一位的便是珍珠奶茶。但在日本想喝珍奶，只有在大城市裡有賣，其他地方的鋁箔包裝口味並沒有那麼好喝，而且感覺也很不健康。在我當時的生活圈裡有三家飲料店是自己的最佳首選。我猶記得天神車站附近的「鹿角巷」飲料店，一杯普通的珍珠抹茶鮮奶，沒記錯的話，要價臺幣兩百元左右。天神地下街是一條長約六百公尺，共有一百五十家店舖的市集走廊。每次來逛這裡，「春水堂」的珍奶也是必喝，但其他港式茶點我就沒有在現場吃過了，因爲價位頗高，而當時還是學生的自己捨不得吃這麼好。還有一間是在博多車站旁，百貨公司一樓的「貢茶」，以奶蓋聞名的這間店，甜度跟香味都適中的珍奶也是有受到我的肯定！

在這兩個繁華街區附近還有個非常知名的景點，名叫「中洲川端」。除了擁有全福岡歷史最悠久的商店街外，它同時也是全九州最大的紅燈區。白天的中洲川端很安靜，縱使人群熙來攘往，不會像天神或博多給人一種很都市、繁弦急管的感覺；而當夜幕低垂後，夜晚的中洲川端就像是個從甜蜜的夢鄉醒來的嬰兒，整個街區都活絡起來，五光十色的道路兩旁滿是拉客的服務業店員、公關，好不熱鬧。以那珂川爲主角的河岸兩邊是一個個屋台攤販，賣著各式各樣的小吃，有關東煮、烤魷魚什麼的，自然而然形成一種特別的在地文化。曾經在電視上看過屋台老闆從拉臺車、擺放各種器具、確認瓦斯跟水、備料，到眞正開始營業的整個過程，眞心覺得不容易，也活像個藝術展現。

附近的「櫛田神社」也相當有名。本人是只有路過，並沒有走進去參觀。聽說裡頭的「飾山車」有保留原狀供人觀賞，每年「祇園山笠大祭」的主角便是非它莫屬。櫛田神社除了是個引人入勝的名勝古蹟外，對博多人來說，它也是重要的守護神，從古至今保佑著居民的健康及安全。而沿著河邊一直走，走過「西大橋」，來到「博多運河城」，雖說又是一個供人們瘋狂血拚的戰鬥地點，但對我個人逛街來說，百貨公司總是沒有那麼大的吸引力就是了。

唯一有棟百貨公司是我比較常去逛的，它連接著天神地下街，叫做「パルコ」（parco），在它的八樓有個「安利美特」，是個動漫迷務必朝聖的地方。雖然不是很大間的店面，但幾乎每半年我就會去看看有沒有新貨上架，算是個生活小確幸。而每次搭電車出去玩時，從周船寺站到博多站需要五十分鐘左右，時間久到我滑手機都覺得累，所以通常我會放下手機，好好觀察日本電車跟臺灣的火車或高鐵的區別。每當一個人身處異地，身邊暫時不是平常熟悉的那些人時，總會讓人有股自我保護的衝動，在擁抱新鮮空氣的同時，不熟悉的氛圍令人既期待又怕受傷害。而對留學生而言，這種心情應該常常會浮現，時時提醒著自己尚未完成的重要任務。至少對我而言，到附近城市逛逛就是放鬆，就是遠離無聊，沒有太多文字的綴飾，沒有過多留戀和嚮往。放鬆，僅此而已。

第5節　海之生物趣，中道同路人

在二〇二一年的五月黃金周期間，我出發前往距離天神一個多小時巴士車程的海生館——「海之中道」遊玩。很慶幸在日本祝日期間有班車，從天神郵局前面搭21A的高速巴士，可以直接到達海之中道。沿途的景色隨著海灣的靠近越來越荒涼，巴士裡頭也越來越擁擠，想不到還挺多當地人也是會搭公車前往海生館的。你問我爲什麼會想去海生館嗎？其實我還蠻喜歡海洋生物的，前面也有提過我認爲自己上輩子是隻海龜，而現在正要出發去拜訪我的那些海洋朋友。另外，也是因爲齊君去過，他對那裡不錯的評論讓我也想找個機會去看看，於是就安排了這趟行程。

「海之中道」裡頭非常大，若光是走路，一天之內沒有辦法走完全部的園區。因爲它分成很多個區塊，除了水族館有基本的淺海區、深海區、珊瑚礁、海豚表演區等各種主題之外，它戶外還有名爲「光之城」的玫瑰花園、鴨池、沿海的親子步道，甚至還有名爲「動物之森」的動物園等等。總之，整體規畫的園區規模算是挺大的，所以園內備有腳踏車提供租賃，不過當時我要去租車時，已經都被租完了，老闆告知要

海之中道的入口

等上許久，也就沒等了。當天天氣陰陰的，沒有下雨算是萬幸，整體還算舒服。說穿了，跟一般海生館的配備其實大同小異，但是人總是對國外的東西有種新鮮感，所以從海生館一樓逛到三樓，再到外頭的「光之城」花園走一圈，基本上時間也來到下午四點左右了。爲了五點前趕上最後一班巴士，當天的行程也就差不多是這樣。個人覺得「海之中道」是個不錯的福岡旅遊景點，適合情侶來約會，也很適合闔家來這裡踏青、放鬆，不過就是園區稍大，基本上可能要住一晚，隔天繼續玩會比較齊全。

「海之中道」海生館是西元一九八九年開館的，其實這塊沙洲跟九州本島之間夾著個「能古島」，聽說也是值得一探究竟；

另外，海的對面也座落著「壹岐島」跟「對馬島」，都是屬於長崎縣的城市，尤其是「對馬島」深具歷史意義，有機會的話眞的很想去一探究竟。以上大致就是我在「海之中道」一日遊的經驗分享，推薦度是四顆心，是個來福岡玩可以排進行程裡的好去處。

第6節　暴雨遊熊本，初見鹿兒島

同年的八月盂蘭盆連假，我出發前往熊本跟鹿兒島，總共四天還五天我也記不太得了，不過這次的行程在我心中，大概是這兩年最棒的一次旅行。

不知道讀者第一次聽到「鹿兒島」這個地名時，不上網搜尋的話對它的想像是什麼？最初聽到這個地名，大概是我高中的時候。那時候有聽聞個鹿兒島的都市傳說，就是「裂嘴女」。聽說島上有個戴口罩的女人，手上拿著一把剪刀，穿著一襲白色長裙，全身上下散發出恐怖的氣氛。它會在深夜出沒，看到街道上還有小孩沒回家，就會走到他面前，並且把口罩脫下，問美不美。只要小孩定睛一看，都會被嚇哭，因爲這女人的嘴角兩側開裂到耳鬢，而只要小孩一被嚇哭轉身要逃跑，它便會抓住並用剪刀將小孩的嘴巴也給劃開，手段十分殘忍。咦？怎麼突然變成恐怖小說了哈哈？這就是我對鹿兒島的第一印象，怪物也有點像小說《彼岸島》裡頭的那群，那到底「裂嘴女」存不存在，這便是……喔不是，絕不是我這次旅行的目的。

這趟旅程目的地的規劃是南九州，原先預計先出發前往熊本探訪熊本城，晚上搭JR九州鐵路直奔鹿兒島，原本都計畫得妥妥的，實際上當天我臉上卻是土土的。有在看日本新聞的人可能知道九州常常有暴雨導致淹水，尤其是夏天，而好死不死，旅程的第一天便讓我碰到。當我從博多坐車，早上十一點抵達熊本後，發現因爲暴雨襲擊九州全島，JR九州全線停駛，原本要搭去鹿兒島的班車也沒了，復駛的時間也完全沒有個底；更慘的是，熊本城因爲當時在維修也沒有對外開放，當下整個傻眼。我立刻到車站櫃台查詢高速巴士的時間並訂票，幸好開往鹿兒島中央站的高速巴士還有行駛，立卽訂了張晚上七點的票，並詢問當天熊本附近還有開放的觀光景點，有個「櫻之馬場城彩苑」還有開園，當下決定改成去拜訪這座緊鄰熊本城，已經有十年歷史的城下町（日本國內緊鄰古城修建而成的小城市）。

雖然計劃趕不上變化，但這不是我不出發、不開始的藉口。會到城彩苑逛完全是意料外的事情。其實它就是個熊本城下的商店街，每家店面都小小的，賣些熊本當地美食，如炸物跟冰淇淋、伴手禮，還有熊本熊周邊商品。我唯一記得的就是當天的雨勢眞的超級大，整場雨如同傾倒般不斷地從熊本的上空奔馳而下。所以當天城彩苑也沒有很多人光顧，兩側的店面在強大的雨彈襲擊中顯得格外寂寥。我在幾家店面裡挑選了些要帶回給家人跟朋友的伴手禮與紀念商品，在下午還不到五點時，在一家餐廳點了份定時果腹，便走路前往公車站。所幸公車站離熊本城不遠，而且也是人滿為患，很多人都要改搭夜間長途巴士前往其他地區，但我想南九州當地人應該對這現象習以為常了。晚上七點準時發車，車上一直很安靜，大雨整夜籠罩著南九州，一路上的玻璃窗外都是烏漆漆，其實當下還真有點擔心這班車到底能不能抵達鹿兒島。在經過三個小時的折騰後，終於抵達鹿兒島中央站，迎面就是個附近商場的紅色摩天輪。我快速抵達飯店，沖個舒服的熱水澡，頓時終於放下心中忐忑一天的大石。

隔天一早，天氣還是沒有好轉，在徒步前往碼頭的路上，鹿兒島還算清新的空氣稍微減緩了我腳的不適感。早上上班的人群在鹿兒島車站旁的街道上來來去去，我發現「鹿兒島」其實也就是個城市，只是比較靠海邊罷了。以前對這神祕地名的憧憬跟當下實際走在街道上的心裡悸動互相交織，譜出的旋律令我興奮萬千。早上十點多，走過間當地的水族館，我搭上了前往鹿兒島對面的「櫻島」的遊船「櫻島丸」，而雨依然下個不停。我就恰似個冒險家，毅然前往未知的島嶼。

櫻島是座兩萬六千年前誕生的火山，也是個重要的國家公園。上面甚至有人居住，也有設立小學。基本上整座島嶼是由不同時期的熔岩堆積而成，最近一次火山噴發是在昭和年間，還好很給面子，沒剛好在我上去玩時再次噴給我看。島嶼上只有巴士，但班次較少。些許設施比方說博物館、物產館、溫泉、餐廳等都可以藉由巴士抵達各定點。猶記得有一段路程我是用走的，途中經過一個很有趣的雕像。幾個石雕人頭在對著天空吶喊，且人頭的中間還雕了幾把吉他，名爲「嘶吼雕像」。原來櫻島曾經在平成十六年的時候舉辦過音樂會，當時日本有近乎八萬人擠到這座小島上參加，可說是盛況空前。所以爲了紀念當下的一個感動，就在這裡雕了一座讓人印象深刻的石像，將歷史永存。

除了嘶吼雕像外，在徒步走島時也發現了其他有趣的歷史古物。櫻島在西元一九一四年噴發的那一次將附近靠近海岸線五百公尺的一座「烏島」給埋沒了，之後便設立個「烏島埋沒跡」的立碑，可見當時火山活躍的情況有多駭人。上頭因爲火山地形自然形成的溫泉泡起來也相當舒服，我在溫泉裡待了一小時左右，紓解持續走路的腳下不適。如果當天沒有下大雨，整個體驗應該會更加怡然。只能說當天眞的是太過濕冷，多次在雨中等車時，腳下根本浸泡在水裡。最後我選擇到島上的「湯之平」瞭望所去一探究竟。坐巴士到達瞭望台後，頂樓的景色其實沒有說很好，當天視野都被綿綿陰雨給遮蔽住了，不過還是可以看的到對面的鹿兒島在跟我揮手，我也趕緊揮手回禮，很不錯的感覺。最後搭乘快五點的巴士從瞭望台回到港口，結束當天的行程。整體來說，櫻島很推薦是花一天繞島玩，我去的時候很不巧遇到九州大豪雨，後來想想沒發生什麼意外眞的是萬幸。日本位於火山島鏈上，就是這種天然資源非常豐富。而日式的觀光服務造就了現在大家對日本在這方面的好印象，可謂善的循環。

我在外地旅遊時，很喜歡自己走路，無論之前在上海、杭州，還是後來在日本的國內旅遊，用自己的雙腳去慢慢感受當地土地的踏實感，讓我感到眞切地活著。但代價就是，晚上回飯店後必須趕緊熱敷，不然眞的受不了。櫻島的一日遊結束後，內心非常滿足，也很從容地就寢，迎接隔天相同的散策行程。隔天從鹿兒島中央站搭乘巴士前往一座島津家的官邸，名爲「仙巖園」。坐落在櫻島對面位置的仙巖園恰似一座在山腳下的小村莊，前面是海，後面爲山，靜謐的氛圍在午時時分顯得格外神祕。到了票口，用略爲生疏的日文詢問了開園時間，竟意外地發現兩位賣票員居然是臺灣人，在當地工作的她們一聽口音便抓到我這個僞皇民。輕鬆地閒聊幾句後，便隻身前往園裡探險。

說穿了仙巖園就是島津家的豪宅，據說當時鹿兒島整整被這家族統治了七百年之久，直到西元一八六八年。且園裡有簡介說大河劇《篤姫》也曾在這裡取景，可見其保留了不只是庭園造景，就連整個文化都被完整地重現，實在令人驚嘆。到了園區內部，馬上就會遇到一間甜點店，專賣特別的甜品「兩棒餅」。年糕搭配綠茶的無違和感受真的很日式，且兩棒餅有三種口味，原味、味噌跟黑糖，不管是哪種配茶一起享用，在這富有歷史意義的庭院中，別具一番風味。園內不論是哪部分的建築，一定會印有島津家的家紋，關於此十字家紋的由來眾說紛紜，有人說是延續中國招福避邪畫十字的傳統；甚至有人說是跟基督教有關；但我覺得比較有可能的原因應該是根據島津國史記載，與當時人們信仰的降龍傳說有所相關才是。

「御殿」是可以被參觀的，且固定時間會有日文導覽。我報名了下午三點的遊覽團，拖鞋後，跟隨導覽員一步步去走訪以前日本大名家庭的豪宅。詳細的過程其實我也忘得差不多了，猶記得裡頭的迴廊是峰迴路轉，房間數也是多到不行，當然也不會少了池子、宴會廳、遊樂場等有錢人家必備場景。導覽基本上聽得懂七成，最後還跟導覽員寒暄了一下才離開，也是相當推薦的鹿兒島景點。我想起來了，我在這裡被問了兩次到訪的理由，一次是被剪票口的臺灣人問，另一次是被導覽某間展覽館的姐姐問，而且還是令我驚訝的流利英語。她問我怎麼知道仙巖園這個景點，我就回說網路上鹿兒島的景點評比裡，這個園子排名前三，所以就來看看了。整個庭園還挺大的，但是一兩個小時逛得完，基本上在庭園的後方就是一座小山，繞了一圈後，我搭上五點半的巴士返回鹿兒島中央站，整體來說，值得，也可以增加一些歷史知識，是不錯的體驗。

隔天即將返程的我在一家海鮮餐廳享用午餐。對於他們的綜合海鮮丼我只能豎起大拇指，真的是人間美味。四種生魚片加上魚卵、蛋捲，再配上熱騰騰的茶碗蒸跟白米飯，完全是極致享受。而出來玩，酒也是必要的。在這寒冷的天氣裡當然是要點杯黑霧島加熱水，微醺了一遍又一遍。完食後搭乘直達車返回博多，結束這盂蘭盆連假的豐碩旅行。

後來又想起一樁邂逅。在鹿兒島某天晚餐時進到一間家庭式的小居酒屋。小哥哥很熱情地招呼我，而他媽媽和妹妹在幫忙後台備料。當時五點出頭，店裡只有我一位客人，就一句來一句去跟小哥哥聊起來了。他們的料理小巧精緻，沒有大魚大肉，但是卻吃得到暖暖的用心。後來客人漸漸多了起來，一回神，店裡已經高朋滿座了。我跟小哥道了謝，出門正欲離開，他還熱情地給我指了商圈的路，頓時整個世界都好了。人跟人之間，剛剛好才好。

第7節　長崎登稻佐，嬉野賽武雄

一樣是二零二一年的年底，自己規劃了長崎跟佐賀的行程。我預期這是一趟很奇妙的旅行，因為在我出發之前，長崎始終只是個課本上在二戰文中的一個地名，在歷經這麼久的重建之後，它的現況對自己來說就是個謎，不曉得安好與否。恰似面對一位大病初癒的好友，我們即將懷著忐忑的心情去拜訪他，但我們不知道好友對我們這次的登門拜訪會不會感到高興。佐賀也是，除了阿嬤之外，我們對它也是一無所知。我旅行有個習慣，我不喜歡將行程排得滿滿的，喜歡隨機事件、隨機景點。當大致行程敲定後，我不會鉅細靡遺地去著手查找吃喝玩樂；反之，會在行程中塞點空白，讓自己可以輕鬆融入在陌生的未知領域當中，可能有些不安，也可能有些徬徨，但更多的是大大的驚奇跟探險感，這才是我要的旅行。呼吸在與自己擦肩而過的陌生人群中，會愈來愈小聲，彷彿希望旁人不要注意到自己，自己縮得越小越好，這樣才不會被發現是個不同族群的客人，以上純屬個人的小情趣，沒有其他意思。因此，這兩個一直都只有在書本上跟電視上會看到的地名，便成為我此次追跡的目標。

每年年底通常會有大約十天左右的長假，雖然是安排出遊的好時機，卻也會面臨到隨處都人山人海的尷尬窘境。個人認為最重要的莫過於是交通工具跟景點開放與否的確認，只要這兩項做得好，基本上旅行不會有太大的問題。十二月二十七號，我搭乘かもめ特急21號從博多出發，不到兩點即抵達長崎。長崎車站的站容乍看之下沒有很奪目的廣告看板，沒有五光十色的霓虹招牌，相對的，它是比較安靜，慢活在自己步調中的一座城市，恰似一隻把玩毛線球的小貓，自己樂此不彼。我雙腳踏上長崎城市的土地時，並沒有太過熱情的吆喝聲，沒有年輕人嘻笑打鬧聲，整座城市靜靜地跟我說一句，你來啦，然後繼續投身到自己給自己的懷抱中。深冬的寒風吹拂加上大部分的大理石灰白色調，其實給初見面的人一種沒有元氣的滄桑之感。或許是經過原子彈的摧殘，還在修復的階段；也或許是這城市獨有的低調個性，總之，它給我個特別的印象。

他們主要的交通點都是靠路面電車往來，若我沒記錯，日本目前還有很多地方每天是靠這種交通工具載客，包含北海道，跟我們的輕軌十分相像。猶記得當時第一天為了上稻佐山看夜景，搭乘輕軌抵達「宝町站」就下車其實是個錯誤，後面走路花了太久的時間，且腳踝也有些吃不消，應該要在後一站下車的。好不容易到達山腳下的

「淵神社」纜車入口，買了票，在下午四點半左右，我人已經在半山腰的纜車中了。常聽人說日本有三大夜景此生必去，分別是北海道札幌的藻岩山、神戶的摩耶山掬星台，還有就是長崎的稻佐山，雖然後續也有新的夜景被發掘，但拜訪經典中的經典絕對是不會吃虧的。幾分鐘後，纜車抵達山頭上的神祕入口。在進入展望台前須經過一條長長的紫光隧道，幾分鐘後印入眼簾的便是飽覽長崎市容的山上展望台。展望台有三百六十度的透明迴廊，一樓有小吃部跟販賣機。而我印象最深的就是那天天氣超冷，但是一樓還賣著冰淇淋，甚至眞有人買而且舔得很開心，抖得一顫一顫的我滿是不解。順時針走上迴廊步道，夕陽的餘暉從大片落地窗照進，金黃色調溫柔地潑灑在每張雀躍的面容上，從高空俯瞰的長崎市容在我的面前顯得嫵媚動人。隨著天色從鎂光燈般明亮慢慢切換到底蘊強烈的潑墨山水畫後，這座城市彷彿甦醒過來。遠處閃爍不斷的點點金箔如同湖面上被石子彈開的皎潔月光，美妙地扭曲、搖擺，散落在張黑色純棉背景布上，悄悄地，時而奔放，時而輕點。那是一種令人忘記要呼吸的美，在這寒風刺骨的嚴冬中，更顯示出這座城市在戰後重生的傲骨嶙峋和不向命運低頭的頑強生命。當下我趕緊到建築物外頭給家人打通電話，讓我最親愛的媽咪也能看到這楚楚的一幕。但因爲天氣實在太冷，乾冷的程度是叫手都不敢抽離外套口袋，雖然沒有下雪，但我想當下的體感溫度應該是零度以下，實在煎熬。因此看到夜景，心裡滿足後，便趕緊搭乘纜車下山回飯店。我心裡明白稻佐山的美不是屬於我的，我也只會是千萬個來看它的人的其中一位，但它帶給我的當下悸動使我流連忘返，若不是天氣寒冷，說不定我會在山上待個一整晚。跟上海的夜景不同，沒有黃金遊船，沒有被山堆人群擠得水洩不通的壅塞大道，稻佐山的夜景是謙遜的，是收斂的。它不會跟你大聲疾呼它的所在，而是等到舞台的燈暗之後，展現最美且實力雄厚的一面在各位遠道而來的評審面前給大家評分，且高下立見。踏著星月，我很滿足今晚的表演秀，千里迢迢來到這裡，一切的辛苦等待都是值得的。

對長崎市民來說，跟其他地區的人們相比，這座城市從一九四五年起即帶著一股淡淡的歷史憂傷。至今已經過快一世紀，但是戰後的陰霾對後世的人們傷害依舊。我在欣賞完夜景的隔天，獨自走在這座淒美的城市中，灰階色的市容似乎說明了什麼，各個路人的臉龐也都因為寒風刺骨而面無表情。我對她充滿了好奇心，試圖跳脫課本上白紙黑字的既有印象，重新認識這位來歷不凡的偉人。當天目標是位於長崎資料館電車站的長崎原爆紀念館，希望這個在GOOGLE MAP上超過四顆星好評的地標可以滿足我的求知慾，不求重現當年的實際狀況，只求可以從當事人遺留下來的蛛絲馬跡帶領我回到那個可怖的當下，進而反思自己存在的意義，更加愛惜及呵護得來不易的生命。

原子彈落下的時間點是八月九號早上十一點零二分，那天清晨對長崎跟廣島市民投下的震撼彈讓人永遠無法忘記。紀念館裡陳列著各式各樣當時被原子彈燒過的大量證據，有駭人的骨骸、殘破的衣物、融化的硬幣、焦黑的屍體等等地獄般的景象。其中，讓我最爲印象深刻的便是一個破敗的時鐘，它的時分針永遠停留在十一點零二分，彷彿告誡著世人不要重蹈過去的覆轍，否則悲傷將永存在那個充滿恐懼的當下。在紀念館外頭有尊母子像，是一位神情哀戚的母親手上抱著一具焦黑的幼童屍體，母親猶如流沙的黑鉛色裙擺上，鑲著許多金黃的玫瑰，似乎象徵著隨著戰爭流逝的各個寶貴生命。

原子彈當時在距離地面五百公尺的地方炸裂，高熱和輻射瞬間將長崎北部化爲平地，死傷高達十五萬人。爾後，日本在在原子彈落下的中心地立了個花崗岩柱，偌大的廣場上仍可嗅到一絲絲對於戰爭的恐懼。這視野遼闊、空氣清新，且有許多天眞爛漫的小孩跑跳的公園曾經是遍地屍體跟瓦礫、充滿腐臭跟哭喊聲，且被無情大火跟嗆人煙霧吞噬的十八層地獄，過大的反差讓人不勝唏噓，感嘆歷史帶給人們的深刻教訓。

當天下午坐電車到附近的諏訪神社參拜，到處都是慶祝新年的旗幟，不過沒有什麼人潮。我在隔天的十二月二十九號搭乘「かもめ特急」來到佐賀縣，徒步去距離車站不遠的一家有名的佐賀牛燒肉餐廳享用午餐。沒有預定的我足足等了快兩個小時，我依稀記得套餐上的佐賀牛就只有四片，對於食量頗大的我來說不太夠塞牙縫，不過整體體驗還行，A5等級的牛肉口感很好，不硬不渣，一個人大約台幣一千元左右。待吃飽喝足後，我便在佐賀市的街道上散步，跟自己聊天的同時，也看看日本不同縣市的市容差異。總地來說，就是那股濃濃日本味，可能是因爲在車站附近，其實也沒有什麼太特別的。而且跟天神或博多相比，佐賀眞的是人少很多，雖然是沿著大馬路走，卻沒有人聲鼎沸，車子也沒有很多，整條路安靜地陪伴著我。走了半個多小時，終於抵達一間綜合型購物商場——「Mallage佐賀」，當時已經是下午三點，夕陽稍露面時分。這是家複合型商場，我沒有在這裡待上太久，隨意逛逛後便到外頭搭公車回到佐賀車站，且在完食一盤奶油麵配抹茶拿鐵後，便接著搭上「みどり特急」前往武雄溫泉站。

到了武雄溫泉站已經是當天晚上八點多了。當時的四周伸手不見五指，且手機已經是快沒電的狀況，也因爲標示沒有很明確，一直找不到我入住的那家飯店而有些焦急。所幸最後找到了，房間也很滿意，總算是可以好好地歇一晚。

隔天行程便是參訪武雄溫泉、武雄圖書館、跟御船山樂園。日本人對泡湯眞的很講究，但我其實還好。溫泉區內有很多泡湯業者聚集林立，讓人聯想到宜蘭礁溪的那個景象。但是武雄的店家外觀有自己的特色，比方說其中一家「元湯」門口就是一座中國風的城門，而旁邊的另一家「鷺乃湯」就顯得低調很多。在這裡我反而沒有泡湯，只是走走，大家趨之若鶩的東西，自己反而興趣缺缺。等哪天興致來了，就再過去體驗一下吧！

那天的天氣很棒，除了風有點大之外，我整體的感覺都很好。在附近的商場塡飽肚子後，徒步走到武雄圖書館來逛逛。有一說一，這裡還挺方便，沒有交通工具也行，因爲許多想逛的點都在附近。武雄圖書館很漂亮，雖然說是圖書館，但跟咖啡廳還有書店結合的店內設計，讓人不禁聯想到臺灣的一些相似的複合式書店。整座館很大，有上下兩層樓，迴廊書櫃尤其讓愛書人流連往返。從圖書館出來後，徒步走到二十分鐘左右路程的御船山樂園。當時正值師走月的倒數第二天，其實整座園內並沒有開花得很繁盛，但山頭還是相當蓊鬱。不同的綠在眼前交錯縱橫，因爲整座山頭幾乎沒有人，彷彿置身在一座無人島玩著生存探險的遊戲。事後想想雖然沒有看到百花齊放有點可惜，不過清新的空氣和靜謐的氛圍是我遇見這座樂園的第一印象，也將在我的記憶深處占有一席之地。

隔天，也就是二零二一年的最後一天，我起了個早，搭乘公車「嬉野線」前往嬉野市一探究竟。我記得前一天晚上因爲沒查好公車時刻表，剛好錯過一班，我在公車站牌下等了快一小時，終於搭上這大晦日的班車。不過嬉野跟武雄並沒有相隔很遠，車程半小時後便抵達了，一路上總有種美濃鄉下的既視感。下了車，確認了回程的班次時間，便出發探索這個神祕的小鎮。嬉野市是一個可愛的溫泉小鎮，其嬉野溫泉是日本三大美肌溫泉之一，人氣完全不輸給武雄溫泉。比起溫泉，我更重視其他重要的嬉野代表物，如豐玉姬神社、溫泉湯豆腐等等。豐玉姬神社距離車站不遠，裡頭有隻白色的大鯰魚，是美肌之神，負責保佑參拜者的青春永駐。參拜過程就是將水勺澆淋在鯰魚身上，兩次鞠躬、拍兩次手，並再一次鞠躬，接著將願望寫在繪馬上面並掛起來便大功告成。

有一部動畫叫做《佐賀偶像是傳奇》，旨在替佐賀做觀光宣傳。而嬉野有許多的地方都是在動畫裡頭有出現過的場景，自己沒有特別巡禮，不過像我隨意走走便遇到的在第四話中出現的「湯宿広場」；另外，又如隨處可見的角色人孔蓋、在神社附近的物產店裡的動畫看板及海報，都可見得佐賀對其觀光宣傳的需求下了不少工夫。

因爲本身對溫泉的興趣還好，所以中午的黃金時間就留給了溫泉湯豆腐的體驗。但猶記得整鍋豆腐煮到軟爛，感覺幾乎已經是豆漿的狀態了，跟自己吃到之前的想像差異甚大。再加上套餐中沒有肉，菜量也少，幾乎是白飯吃到飽的一餐，讓我對湯豆腐的第一印象不是很好。對個大男生來說，是非常不足的，只能當作是種體驗，但……沒吃飽。

每到一個新環境總是想用自己的雙腳去接觸陌生的大地。下午在嬉野隨意散策，我記得剛到車站時有拿到一張地圖，地圖所畫出來的觀光路線都是徒步即可抵達的。經過了學校、茶葉行、還有一大段杳無人煙，跟浪浪你看我，我看你的鄉下馬路。從餐廳出來已經忘記走了多久，只記得是暮靄時分，我來到了整趟旅行最美的一處風景。一直到現在，我還是不知道那天令我醉心的人間仙境到底是在哪裡，只記得那處風景美到我不想回家，眞的只有「如詩如畫」可以形容那個地方。紅色拱橋劃過乾枯枝枒，在距離底下溪水剛剛好的高度拋出一道完美弧線。在冬日的暖陽環抱下，整片濕地彷彿齊聲預備，在緊鄰的下一秒共同譜出一首首動人心弦的優美樂章。秋意黃、叢木綠、溪水藍，跟拱橋的紅在我的眼前交織成一幅不可思議的遺世名畫。仔細瞧，在石板階的最上層有幾株櫻色點綴，但這時節應該連櫻前線都還摸不著邊，沒有植物知識的我，只能默默地隔岸欣賞她的美。在這裡，遠離世間的塵囂紛擾，彷彿身心靈都被淨化一般，洗滌了萬惡源頭。

雖然沒有泡溫泉，但走一遭不爲人知的人間仙境是我在嬉野最大的收穫。長崎佐賀之旅到此便告一段落了，有看過繁華的城市夜景，體悟過戰爭時期的血淚詩篇，走過色彩斑斕的鄉下祕境，這是一趟豐富的學習，一趟刻骨銘心的旅程。

第8節　小倉城中遊，下關嘗咖哩

二零二三年二月中，通過了碩班畢業口試後，心中的大石總算是放下了。想想這兩年多來的各種知識吸收跟技術交流，還有爲了實驗、爲了研討會準備而度過的許多漫漫長夜，我告訴自己，是告一段落了。但課業告一段落，學習則沒有盡頭。還記得教授在我們畢業典禮的那天，叫住了我並試圖想慰留我念博士班，但我婉拒了。其實我曾經也有想過這條路，但經歷過碩士班的洗禮，讓我發現博士班的畢業門檻要求和生活應該不是我所要追求的，因此果斷走上了就業一路。但不唸博士班並不代表了什麼，因爲碩士班扎實的訓練已經讓我大開眼界。從世界各地的化學文獻中發現不分國籍的大家爲了相同的科學問題進行了大量的實驗，只希望人類社會的一些重要問題可以被改善、解決；從不同的實驗室貼出的成果海報中了解到鍾鼎山林的涵義，知道每個人都有自己的喜好跟興趣；從跟同儕長久的相處之中驚覺自己眼界和格局的不足，督促自己步入職場後也要繼續努力，成爲更好的人。講了這麼多，除了知識跟人格方面的提升外，還是希望能在畢業之前再一次出遊，把握最後的機會，好好再到沒去過的地方走走。這次，也是回國前的最後一次，我選擇到北九州的小倉、下關，還有門司港逛逛。除了就此走過全九州，不讓自己有所遺憾之外，也期待旅途中的小倉城、松本清張紀念館、《馬關條約》簽訂處等歷史建物可以帶給自己不同的想法啟發，跳脫原有書本中的框架限制，將閱讀過的文字和眼前實際的親身體會做個完美結合。

小倉位於距離博多大約一小時車程的九州最北端，遠近馳名的小倉城天守閣原本是一六零二年時由細川忠興所建造，後來因爲火災而幾乎燒毀，直到一九五九年才又再被重建而成。第一天抵達小倉車站後，徒步卽可到達小倉城。整個小倉城周邊圍繞著紫川，跟市區街景融爲一體的歷史古蹟，絲毫沒有任何的突兀。跟隨著衆多的外國遊客，慢慢地走向這座低調但華麗的古城。此天守共有五層，其中「唐造」天守的房間是上層比下層大，與一般天守不同。建築物裡頭有許多的展示品和提供小朋友遊憩的設施，如江戶時代很流行的轎子——「駕籠」被製作成電動模型可供小孩乘坐，十分有趣。實際上駕籠在那個年代是只有大名或貴族才可以乘坐的尊貴交通工具，這點從其華麗的外觀就可判斷出來。黑底金花的轎身和轎杆，轎子前後和中間都垂掛著紅色流蘇，在在凸顯出裡頭人物的不小來頭。但眼前的轎子其實有被加大過，聽說早先時候的轎子加工繁複且乘坐空間狹小，但礙於當時的乘坐規定，對許多成年人來說，在這麼小的空間盤腿坐上許久路程實屬一種折磨。另一個角落，正在商討有關「島原之亂」的軍事會議也被重現在天守閣內。這是一場江戶時代最大規模且也是最後的一場內戰，起因於當時的高壓統治、重課稅，還有宗教因素等等。這一戰雖然終被幕府軍鎮壓，但卻讓基督徒天草四郎一戰成名，是相當具有歷史意義的一場戰役。

在小倉城一樓的某處有個「流鏑馬」的設施也是很有趣，但因爲適逢疫情，我就沒有上去體驗了。「流鏑馬」是一種出自江戶時代的弓馬武術，原本只是一種騎射練習，但後來小笠原貞政將它規範得更加完整，形成一套嚴密體系，從此就變成武將們切磋技藝的比賽。眼前的設施精心模擬了當時必須要在一條兩百公尺的跑道上邊騎馬邊向左邊的標靶射擊，跟「笠懸」、「犬追物」並稱日本的騎射三物。

某個展示櫃中的人偶吸引了我的注意。有名厲害的人偶師叫東之湖，做了一對披著水藍色「近江上布」的「清輝雛」，旨在希望從事醫療作業的人員可以平安無事，並祈禱當時的新冠肺炎疫情的蔓延可以早日被抑制住。如果上網查找東之湖先生的人偶網站，可以發現他一直有在製作各式各樣的人偶，大多都是爲了幫助他人和替他人祈福而生，日本人尊稱他爲「雛匠」。而且製作一隻人偶從一開始的人偶大小、表情和坐姿；長袍的素材跟顏色就相當講究，是個十分專業且受人敬重的存在。

搭電梯到最上面一層是觀景台，可以望穿城外明媚風光。在小倉城外有兩座正在比武的武士雕像，一座是佐佐木小次郎，另一座是宮本武藏，兩座雕像互相對峙，維妙維肖，殺氣呼之欲出。當時兩人在巖流島對決的氣勢體現十足，有趣的是，兩人決鬥的原因跟細節似乎還是衆說紛紜，沒有一個統一的答案。

走下城後再步行一段距離就會抵達松本清張紀念館。一位擅長以驚心動魄的故事來揭露人心的黑暗面，家喻戶曉的北九州昭和作家。說也很妙，當我高中時便讀過他的《黑色福音》，對當時沒有太多電玩娛樂的我來說，精彩的推理小說便是暫時脫離繁重課業的心靈慰藉。雖然已經很久沒再重拾這本小說，但當我回想起小說開頭沒多久，面善心惡的那個神父將無辜信衆殺害的橋段依然感到背脊發涼，難怪福音是黑色的，這種悚然的書名跟駭人的劇情對於當時的我來說如獲珍寶，也是這類的書籍伴我度過了許多詭奇驚悚的夜晚。我是主角，我一直都如此認爲，而且自然而然。當時爲了逃避平凡無奇的高中生活，常常就是在各種奇幻世界中穿梭來穿梭去；不然就是跟著也是凡人的主角走過天涯海角，只爲了將眞相找到。很多時候，我不是在俄國，就是在日本，都沒有的話，可能就在幽界。講多了，想表達的只是，如果你也一樣拜讀過這位松本老師的作品，就會曉得他是一位不可多得的文學界人才，將懸疑推理小說的境界硬是往上拉高了一個層次。紀念館裡有許多其膾炙人口的手稿展示跟介紹，也有一些松本老師生前創作的環境重現，在裡面眞的會忘記時間，因爲兩三層樓的內容對喜歡這位作家的讀者而言，都是滿滿的回憶跟驚嘆。

北九州其實是一個人文薈萃，充滿文學氣息的地方。除了松本清張外，中學時期在課本上念過的森鷗外、岩下俊作、火野葦平等也都是北九州出身的大文豪們。日本也特地爲了這些在文學上有卓著貢獻的人們設立了文學碑和資料館，期待能將努力不懈的創作精神永遠地流傳下去。

簡單用完午餐後，我便回到小倉車站，並驅車前往門司港。門司港是個可愛的海港城市，到處都是河豚的擺設，大大小小，相當熱鬧。當天天氣很好，港口的人潮也是絡繹不絕。稍微逛一下魚市後，便從門司港坐船前往下關。下關是西元一八九五年時，中國跟日本簽訂《馬關條約》的地點，古往今來，好一個穿梭時空的概念。到了簽訂條約的紀念館前，走上斜坡便是「日清講和紀念館」，而左邊便是李鴻章路跟日本男高音歌手藤原義江紀念館。當時眞正簽訂條約的春帆樓，如今已是一家河豚料理餐廳。紀念館的展示櫃裡有當時談判的桌子、議定書，除此之外，也有許多充滿歐洲氣息的吊燈、墨水瓶和硯台，讓我們這些百年後才目睹簽約現場的後輩們感受到當時隆重且嚴謹的談判氛圍。

下午四點左右，坐船回到門司港的我走大約五分鐘路程前往「九州鐵道紀念館」。紀念館的入口迎接我的便是擁有古老歷史的黑煤炭火車頭，看到這種在路上不復見卻一直刻印在人們心中的歷史珍寶，連我這個不是鐵道迷的人都相當興奮。外面有幾列展示火車是可以讓人上去參觀的，但因爲我來的時間較晚，紀念館內快關門了，因此匆匆買了門票進去瞧瞧。裡頭甚是有趣，許多九州的火車站跟鐵路都被按比例縮小成精緻的模型，包括博多車站和八代市肥薩橙鐵道。二樓則展示了從古至今，各式各樣的鐵道相關周邊，包括各種車票、電話、車牌、郵票，還有許多的聯名合作商品跟玩具，是個適合大人跟小孩一起來參觀的好地方。日本不愧是火車王國，齊心的民族性加上專業的匠人精神，造就了一次又一次驚豔世界的奇蹟。這就讓我想到幾年前，臺灣跟日本再買了上百輛列車，組成騰雲號車隊，一台近一億元造價，符合臺灣美學的外觀和內裝更是又一次地讓我嘆爲觀止。

小倉跟門司港之旅基本上到這裡就結束了，對，這次我只用了一天往返，稍微逛了一下北九州這兩座有名城市，因爲在返台前還有許多事情必須完成。不過在這次旅行的最後，我在門司港享用了當地有名的「燒咖哩」，其實就是焗烤咖哩。個人覺得

唐戶市場旁的河魨像

很不錯，豐富的蔬菜跟濃郁的焗烤起司進行了很完美的融合，一次又一次在我的舌尖上入口卽化，留下滿滿感動。帶著滿足的喜悅，我踏上了歸途。這是我在日本留學期間最後一次的旅行，但不會是人生中的最後一次。旅行，讓我看見很多原本看不見的事物，就算是在書上閱過，也不見得能夠眞實地感同身受。古人常說的讀萬卷書跟行萬里路，到了科技蓬勃發展的今天依舊是一句受惠無窮的名言佳句。我知道自己的遊記寫得不甚精彩，很多觀光客會去看，會去體驗的東西我其實都沒寫到。但，其實我寫，是寫給自己看的。我很希望十幾年後，甚至是白髮蒼蒼時的自己看到這本書的文字時，身心都可以再被帶回到留學的那兩年，無論是當時的人事時地物，都可以再次回甘當下的感動。那我認爲，這一趟兩年的留日生活便沒白走，且不留遺憾。

第五章

結論

書本內容來到尾聲，其實內心依舊悸動不已。尤其是在整理照片時，不斷地跟女友述說當時的狀況跟心情，自己也不斷地感嘆匆匆易逝的好時光。在這整本書的最後，還是要再次感謝當時申請時給了我許多幫助的成大教授黃福永老師跟吳欣倫老師、出發前讓我惡補英文跟日文的高雄雅思補習班跟總圖館藏資源、留學期間給予我相當大鼓勵跟陪伴的女友跟留學好夥伴們、重塑我的化學生涯，引領我看見化學研究的大千世界的桑野良一老師。還有，最重要的，我的父母們，謝謝你們將我生下，並讓我有這機會出走並見見世面，帶回台的畢業證書跟獎學金便是我對你們發自內心最由衷的感謝，謝謝你們！

最後我想說，日本眞的很美。無論是人文、風景、歷史、化學發展，在我心中都是相當美麗的。雖然收穫跟體悟甚多，但我認爲不忘本還是重要的。不敢說這兩年眞的學到了些什麼，但我始終覺得，受了這麼長時間的教育跟專業訓練，有義務回到自己出身的國土上爲臺灣的化學產業盡一份心力。過去已成回憶，而未來又充滿變數，能掌握的只有當下。期待自己能莫忘初衷，發揮所長，但願在平凡的日子中找到不凡的自己。

國家圖書館出版品預行編目資料

福岡留學札記／林昱銘著. --初版.--臺中市：白象文化事業有限公司，2024.6
面； 公分
ISBN 978-626-364-308-6（平裝）
1.CST: 遊記 2.CST: 留學 3.CST: 學生生活 4.CST: 日本福岡市
731.781109 113003584

福岡留學札記

作　　者　林昱銘
電子信箱　f0929121712@yahoo.com.tw
校　　對　林昱銘
發 行 人　張輝潭
出版發行　白象文化事業有限公司
412台中市大里區科技路1號8樓之2（台中軟體園區）
出版專線：（04）2496-5995　傳真：（04）2496-9901
401台中市東區和平街228巷44號（經銷部）
購書專線：（04）2220-8589　傳真：（04）2220-8505
出版編印　林榮威、陳逸儒、黃麗穎、水邊、陳媁婷、李婕、林金郎
設計創意　張禮南、何佳諠
經紀企劃　張輝潭、徐錦淳、林尉儒
經銷推廣　李莉吟、莊博亞、劉育姍、林政泓
行銷宣傳　黃姿虹、沈若瑜
營運管理　曾千熏、羅禎琳
印　　刷　基盛印刷工場
初版一刷　2024年6月
定　　價　250元